D1678635

कूर्मांचली की कविताएँ

कूर्मांचली की कविताएँ

मनोहर श्याम जोशी

वाणी प्रकाशन

वाणी प्रकाशन

4695, 21-ए, दरियागंज, नयी दिल्ली 110 002

शाखा

अशोक राजपथ, पटना 800 004

फ़ोनः +91 11 23273167 फ़ैक्सः +91 11 23275710

www.vaniprakashan.in
vaniprakashan@gmail.com

KOORMANCHALI KI KAVITAYEN
by Manohar Shyam Joshi

ISBN : 978-93-5072-428-6
Poetry

© 2013 श्रीमती भगवती जोशी

प्रथम संस्करण

मूल्यः ₹ 250

इस पुस्तक के किसी भी अंश को किसी भी माध्यम में प्रयोग
करने के लिए प्रकाशक से लिखित अनुमति लेना अनिवार्य है।

न्यू कृष्णा ऑफ़सेट, दिल्ली-110 093 में मुद्रित

वाणी प्रकाशन का लोगो मक़बूल फ़िदा हुसेन की कूची से

अनुक्रम

नाचो

नाचो! नाच उट्ठो! लहरा कर! झूम कर!
घूम घूम कर नाचो मदमस्त हो!
ओ! मानव की सोयी वासनाओं!
नाचो! नाच उट्ठो! लहरा कर! झूम कर!
आओ!

तोड़ दो घरौंदा यह कृत्रिम भावनाओं का!
ये काली काफी की श्वेत चमचमाती प्यालियाँ!
ये अखबारों की चीखती-सी शीर्षक पंक्तियाँ!
ये लाली-पुते अधरों पर जाली मुस्कानें धरे रमणियाँ!
ये शब्दों की जहरीली सुरा पिलाती किताबी साकियाँ!
छोड़ दो!
ये यन्त्रचालित मानवों की यन्त्रचालित दुनिया!
छोड़ दो!
तोड़ दो घरौंदा यह कृत्रिम भावनाओं का!
बाहर आओ खुले में चाँदनी बुलाती है!
बाहर आओ खुले में, वासकसज्जा प्रिया मुस्काती है!
बाहर आओ खुले में, अभिगमन की कसक नयन में खिल आती है!
बाहर आओ खुले में, प्रणय की लय बावरी होती जाती है!
बाहर आओ खुले में, वासना की बीन देह के नाग रिझाती है!
बाहर आओ खुले में!
बाहर आओ!
आओ!
नाचो! नाचो! नाचो!

अल्मोड़ा, जून '५२

साइप्रेस के पेड़

कुहरीली गीली तीन सीमाओं की
        छिपकिली की छाती सरीखी
        गिलगिली ठण्डी घिनौनी
देह के
        प्राणहीन आलिंगन से
        उकताए, घबराए, मेरी तरह ही
ये साइप्रेस भी
अपनी कामी भूरी लम्बी पतली बाँहें फैलाए
बदली-ढके राख-से हुए नभ की ओर
हैं ढूँढ़ रहे
साथी सीमा के
        लम्बे रुपहले सुनहले गुनगुने
        विस्तार का छोर!

मुक्तेश्वर, अगस्त '52

काफल पाको

आओ सुनें चुपचाप चिड़िया का गान!
"काफल पाको त्वील नी चाखो" की मधुर तान!
सुनें उसे बस और कुछ न सुनें,
कुछ न करें, बस सुनें सुनें,
सुनते रहें चुपचाप!
न गिने कि जंगल में देवदारु कितने हैं?
कितने बाँज? चीड़ कितने हैं?
न सुनें वायु का रुदन
झरनों की छल छल कल कल
पत्तों की सर सर खर खर
झींगुरों की झिंग झनन झनन!
कुछ न करें बस लेटे रहें
पास पास घास पर
सुनते रहें चिड़िया का गान
"काफल पाको त्वील नी चाखो" की मधुर तान
जब तक अनायास ही
हमारे होंठों से प्यास किसी पिछले जीवन की न फूट पड़े
बन
"काफल पाको मील नी चाखो"** की मधुर तान!

मुक्तेश्वर, अक्तूबर '52

---

*काफल पके तूने नहीं चखे।
*काफल पके मैंने नहीं चखे।

यह क्षण

आँखें मिलाए हुए
बाँहें उलझाए हुए
हम तुम लेटे हुए हैं दूब में!
दूब में खिले हैं फूल धूप के!
धूप में खिले हैं फूल रूप के!
ऐसे ही लेटे रहें दूब में!
आँखें मिलाए हुए, बाँहें उलझाए हुए!
अभी क्या? अभी तो यह कुछ भी नहीं
(लगता है लेटे हैं रोज़ की तरह यों ही)
पर कभी गाढ़े वक्त काम आएगी इसी क्षण की याद!
क्षण का जीवन शुरू होता है क्षण के मर जाने के बाद!

मुक्तेश्वर, '52 अक्तूबर

ताक की बात

मेरे इस छोटे-से कमरे की
यह छोटी-सी ताक
जिस पर
(बासी समाचारों की पीली छाती पर)
बिखरी पड़ी हैं मेरी निजी वस्तुएँ—
अलार्म घड़ी औ' माँ की तस्वीर
'उसकी' चिट्ठी, लोहे की जंजीर
कागज के फूलों का गुलदस्ता।
और पुराना-सा आईना सस्ता
ताला और कुंजी
राम-सीता की जोड़ी
तथा कुछ पुस्तकें चुनी
(मील-पत्थर हैं जो मेरे विश्वास-पथ की)
और एक सिगरेट अधजली—
अक्सर किसी सूने क्षण में
मोमबत्ती के भूतिया प्रकाश से साँठ-गाँठ कर,
चौंका कर, हँस कर मुझसे कहती है
एक विचित्र-सी बात :
"सुन रे ओ पगले।
मैं ताक नहीं हूँ
मैं वही हूँ
जो है तेरा हृदय।"

लखनऊ, फरवरी '53

भूमिका

ये कविताएँ
हैं शृंखलाएँ
मेरे और मेरे इर्द-गिर्द के
जीवन के इतिहास की
एक ऐसे इतिहास की
जिसमें क्षणों को युग माना गया है।

लखनऊ, मार्च '53

कवि से

कवि यदि गाना हो तो कविता में मत गाओ।
कविता दुख-सुख की अभिव्यक्ति नहीं है।
और नहीं है सस्ता साधन मन की खाज मिटाने का वह
आप गुदगुदाने का
अपने तन को,
मन को बहलाने का,
या कल्पना रिझाने का।
निश्चय ही कविता
दुख की या सुख की
अभिव्यक्ति नहीं है।
कवितो तो वह है जो, दुख-सुख के आकर, भर कर अन्तर में
बह जाने के बाद
रहा करता है—
वह जो बच जाता है अपना।
कवि यदि वह बच पाया है तो कह जाओ!
कवि यदि गाना हो तो कविता में मत गाओ!

अजमेर, जुलाई '53

आत्मोत्सर्ग

जीवन को बहने दो!
हृदय-स्रोत से फूटते
पीकें जीवन के
        बहने दो उन्हें स्वच्छन्द!
ओ मेरे मतिमन्द!
        मन मध्यवर्गीय गृहिणी से
        कृपण न बनो!
जीवन को बहने दो!
हर वासना को तृप्त करो,
हर भावना को व्यक्त करो,
        अभिव्यक्त करने के लिए अहं
जीवन को बहने दो!
जीने की शर्त यही है
        कि जीवन को बहने दिया जाय
        कि हर क्षण अनुभव किया जाय
मृत्यु पास आ रही है।
मृत्यु के और पास सरकने दो जीवन को
जीवन को बहने दो!
मिलने दो
मृत्यु-सागर से मिलने दो
जीवन-सरिता को
मिलने दो। बहने दो! जीवन को
बहने दो!

क्योंकि इसी मोमबत्तीय आत्म-दहन में
शक्ति है नूतन जीवन जनने की
जीवन को जीवन जनने दो!
जीवन को बहने दो!

नयी दिल्ली, सितम्बर '53

नहीं

“नहीं”
एक बार नहीं
बार-बार यही
उत्तर मिला अनुनय-विनय का
“नहीं! नहीं! नहीं! ”
जीवन अपना
इतिहास बना
वर्जना का।
नहीं को
खाते, पीते, पहनते, ओढ़ते
बड़े हुए आज दिन तक
लेकिन आज
तज बेबसी की पैदा करी लाज
पी आत्म-विश्वास की मादक शराब
करता हैं सिंह-स्वर में घोषणा :
“हम में दम है बनने का
वर्जना की वर्जना।”

नयी दिल्ली, अक्तूबर ’53

मुक्तक

गरम तपे तपे
दरार-पड़ी धरती से
सूखे, दिलों के हम नहीं कायल,
छोटे-छोटे,
खूबसूरत मोतियों से,
लरजते आँसुओं के भी नहीं,
हम तो इन दोनों के मिलने पर जो
उठती है सोंधी सोंधी गन्ध
उस पर, हाँ उस पर फ़िदा है!

नयी दिल्ली, अक्तूबर '53

प्रार्थना

नयनों में जमे हुए भावना के सागर।
पनिहारिन परेशान, आफत में हुई जान,
पनघट पर बैठी हुई, फूटी हुई गागर।
कैसे भरे पानी? कहाँ से भरे पानी?
गागर दो! गागर दो! पिघला दो सागर को!
भरने दो पानी, प्रभु, भरने दो पानी!

नयी दिल्ली, नवम्बर '53

हमारी भावनाएँ

हमारी भावनाएँ व्यर्थ न जाने पाएँ
हँसें हम,
पर अकेले खाली कमरे में न हँसें।
क्रोधित हों तो दर्पण को न डाँटें।
व्यथित हों तो नाखून न काटें।
रोएँ हम,
पर आँसू बालू पर न झरने पाएँ।

नयी दिल्ली, नवम्बर '53

मुक्तक

सत्य जीवन की माटी नहीं,
सत्य अनुभव की रगड़न नहीं,
सत्य चिन्तन की टोंटी नहीं,
सत्य है–
यह उजला धुला बासन अहं का।

नयी दिल्ली, नवम्बर '53

रिश्ता

एक ही रिश्ता है जिसे मैं मानता हूँ
कि सबसे अपने अपने सपने हैं
और फिर वे अपने हैं
जिनके कुछ अपने से सपने हैं।

मुक्तक

जैसे
पाँव पथरीले पथ की तपन सहते हैं
गाँव तक पहुँच पाने को
छाँव में बैठ कुछ क्षण बिताने को
और फिर आगे, दूसरे गाँव तक बढ़ जाने को
वैसे
हम जीने की जलन सहते हैं
आनन्द के एक क्षण के, दूसरे क्षण तक
पहुँच पाने को।

बन्दूक चलती है

बन्दूक और शिकार के बीच
ईथर के महासागर में
मँडराती है उसकी छाया
जो माया से बड़ा है, कहीं बड़ा है।
तो बन्दूक चलती है
गोली भी लगती है
पर शिकार नहीं मरता
यह छाया मरती है।

नयी दिल्ली, नवम्बर '53

दो चितेरे

चतुर चितेरे रे!
ऐसा तूने खींचा चित्र
कि रंग की तरंग संग
मेरा मन बह गया!
मेरा मन बह गया रे मेरा मन बह गया!
आकृति की ज्यामिति में
उलझ उलझ रह गया!
उलझ उलझ रह गया मन उलझ उलझ रह गया!
सुघर चितेरे ने
पर खींचा ऐसा चित्र मित्र
(चित्र क्या, सीधी सादी लीकें दोएक मित्र)
देख देख समझा जो समझ समझ देखा मित्र!
मन में मेरे कुछ जो तोड़ गया जोड़ गया!
कैसा था पहले मैं कैसा वह छोड़ गया!

नयी दिल्ली, नवम्बर '53

कुछ जोड़*

घुघती[1] के बोल।
जहाँ तहाँ बातें कर
भेद दिए सब खोल॥ (1)

लीसा ढुरकता है।
निकलता है दर्द दिल से
पर नहीं निकलता है॥ (2)

चाय का गिलास।
कितना स्फूर्तिदायक है सुआ[2]
तेरा यह भोला विश्वास॥ (3)

पक गये केले
दुनिया को सुख साधन बने
दुख जो मैंने झेले॥ (4)

चाँद चाँदनी और घास।
तू मुझसे बहुत दूर सुआ
पर तेरा प्यार मेरे पास॥ (5)

ये अधपके केले।
"हाय" अभी हिय ही में रख
इसे कुछ और से ले॥ (6)

बजाएँगे एकतारा।
लाचार नहीं हुए अभी
बाकी है अपना सहारा॥ (7)

*एक कुमाऊँनी लोक-पद।
1. पहाड़ी फाख्ता, 2. प्रिय।

चमचमाता दर्पण।
आज समझ गया सुआ।
तेरा विशेष आकर्षण॥ (8)

नहा कर आयी सुआ।
पीड़ा से धुल-धुल मेरा उर
कैसा स्वच्छ हुआ॥ (9)

दाड़िम चिटखता है।
सुआ के गठे तन में
यौवन फूटता है॥ (10)

उरोजों पर उँगलियाँ।
पगला बनाएँ मन को
आशा की कनबतियाँ॥ (11)

तपने दे सोना।
रचना करना बाद में
पहले पूरा कर ले रोना॥ (12)

सुआ सूरजमुखी है।
मेरे सुख से सुखी
मेरे दुख से दुखी है॥ (13)

पहली बार चूमे हुए गाल।
साँझ के आकाश के
जरा देखो हाल॥ (14)

अखरोट फोड़ती हो।
दिल मेरा तोड़ कर
फिर से जोड़ती हो॥ (15)

मुँह मोड़ा किए।
तन आगे बढ़ाते रहे
मन पीछे छोड़ा किए॥ (16)

सपना था।

सब फूल अपने थे।
हर काँटा अपना था॥ (17)

फ्रायड पढ़े हैं।
साहित्य में सादगी से
क्या खूब लड़े हैं॥ (18)

हैं महा वीर त्यागी।
मार्क्स के मुँह में धर दी इन्होंने
जो इनके दिल में जागी॥ (19)

कविता करते हैं।
छटाँक दर्द, सेर धूल
मिला कर बेचते हैं॥ (20)

रेडियो सीलोन।
प्रिया औ' प्रियतम बने
दो टेलीफोन॥ (21)

चढ़ाई पार प्याऊ के दर्शन।
आनन्द तृप्ति नहीं, आनन्द है
तृप्ति से ठीक पहले का क्षण॥ (22)

यह भी कोई जीवन है?
सदियाँ गुज़र चुकीं पर अब भी
सन्तोष ही एक मात्र धन है॥ (23)

दूर से बारूद पर आग लगाते हैं।
हम जब गलियारे में होते हैं
वो झरोखे से मुस्काते हैं॥ (24)

ज़हर का करें क्या?
मरें तो किसके नाम पर?
और बिना नाम लिये मरें क्या??(25)

सूखी सूनी रेत पर ऊँटकटारा खिला देती है।
मुझे देख कभी कोई

खिड़की से खिलखिला देती है॥ (26)

नौन तेल लकड़ी का चक्कर।
न सुख ही जाना, न दुख ही जाना,
हमने जानी बस दर-दर की टक्कर॥ (27)

इंसान की तुक महान नहीं है।
प्रगतिवादी कविता लिखना
इतना बहुत आसान नहीं है॥ (28)

इतना ही अर्ज है।
चेतना औ' चेत ना में बस
जरा ही फर्क है॥ (29)

कहीं छेद है।
इस चिर रिक्तता का शायद
यही भेद है॥ (30)

मोड़ पार सहसा बुरूस दिखे।
उदास मन चला जा रहा था कि तभी
कुछ हँसते हुए बच्चे मिले॥ (31)

आकाश।
काश इतना नीला होता
हमारा विश्वास॥ (32)

नयी दिल्ली, दिसम्बर '53

प्रार्थना

न कुम्हलाने दो, प्रभु, न कुम्हलाने दो!
सब कलियों को खिल जाने दो!
दुःख दो!
सुख दो!
चाहे जो दो!
पर उसमें हमको हममें उसको
पूरा-पूरा मिल जाने दो।

नयी दिल्ली, जनवरी '54

एकाकी कौवा

सुबह चाय पीकर रेस्तराँ से बाहर आकर
देखा मैंने
सड़क पर बैठा एक एकाकी कौआ
उदास खोया खोया
फड़फड़ाता निराश डैने
अनिश्चित, व्यथित, कुलबुलाता, तड़फड़ाता,
न जाने किस धुन में मैंने ताली बजाई
सुन कर कौवे ने इधर उधर गर्दन घुमाई
और फिर डैने खोल हाय-सी काँय बोल
उड़ गया सर्र तीर-सा।
मैंने सोचा,
"मैंने कव्वे की मदद की या...?"
मैं अपने को उत्तर न दे सका।

नयी दिल्ली, जनवरी '54

पेड़ से

मेरे कमरे के पास ही एक पेड़ है सुन्दर-सा
आज पास जाकर उसके उससे मैंने कहा,
"पेड़! पेड़! मुझे दिखला......"
"क्या?", टोक कर वह बोला,
"फूल-फल-पत्ते, अपनी सुन्दरता?
तना-शाखें-डालें, अपनी विशालता?
छाँव-गन्ध-लकड़ी, अपनी सहृदयता?''
"ना।", मैंने कहा, "एक और ही चीज़/अपना वीज-अपनी यथार्थता।"

नयी दिल्ली, जनवरी '54

हमारा धर्म

आग हवा का उत्तर लपटों से देती है
                    शब्दों से नहीं।
प्रेमिका प्यार का उत्तर चुम्बनों से देती है
                    शब्दों से नहीं।
चुनौती का उत्तर मनौती नहीं कर्म है।
चुनौती का उत्तर कर्म से देना ही हमारा धर्म है।

नयी दिल्ली, फरवरी '54

वृक्ष और छाया

क्वार्टर की दीवार पर
छायी है वृक्ष की छाया
और धन्य है प्रभु तेरी माया
जो यह छाया मुझे
  वृक्ष से सुन्दर दिखती है।

मुक्तक

सीढ़ियाँ चक्करदार
थक गये पाँव
मन गया हार
जीवन बन गया तमाशा
सूने गगन को छूने की
नहीं मुझे अब अभिलाषा
मुझे दो धरती पर उतार
सीढ़ियाँ चक्करदार।

मीनार पर

बहुत परिश्रम कर
एक ऊँची मीनार के शिखर पर पहुँच कर
बैठ कर पलथी मारे
मैं पूरे करने लगा अपने इरादे
हँसने लगा भभाकर
बावरी बेवकूफ दुनिया पर
पर तभी सर्र सर्र
हवा ने कहा मेरे कान पर मुँह धर
"पगले तू इतने ऊँचे बैठा है
कि तेरी हँसी कोई नहीं सुनता है।"

नयी दिल्ली, फरवरी '54

बैरन रोड : कब्रिस्तान

आज इस कब्रिस्तान में खड़े हुए
मुझे सहसा हुआ
अपने विकास का आभास।
आया याद।
बच्चा था तब कब्रिस्तान से डरता था
अँधेरी पगडण्डी पर गैस-लैम्पों के
गूँगे जुलूसों को देखकर भगता था
माँ के लहँगे से जा चिपटता था
रात उसका हाथ माथे पर
भभूत मलता था।
आया याद
किशोर था तब कब्रिस्तान से प्रेम करता था
अक्सर वहाँ जाकर
कब्रों को काली कल्पना से रँगता था
गवारपाटे की झाड़ के समीप बैठ
कहानी का कथानक रचता था
सभी कहानियों का अन्त
प्रेमी की मज़ार पर करता था।
और अब/युवा हूँ जब
मैं कब्रिस्तान को निर्लिप्त
नीले नयनों से निहारता हूँ

समझता हूँ जानता हूँ
कि यह पत्थरों का परपंच भर है
और वह भी
पीले-काले-टूटे पुराने पत्थर!!

नयी दिल्ली, मार्च '54

फूल और मैं

फूल को मैं देखता हूँ
फूल मुझको देखता है।
फूल का मैं देवता हूँ
फूल मेरा देवता है।

अद्वैत

दो सत्य तो उनके होंगे
जिन्होंने सत्य देखा ही नहीं
हमने तो दीवारों से भी दोस्ती की है
हमने तो कलियों से भी नैन लड़ाए हैं।

अज्ञात कवि के प्रति

अहं पिता है हमारा
यातना हमारी माई है
तू जो भी है, जहाँ भी है,
मेरा सगा भाई है।

अमर

नहीं मरेगा।
यही रहेगा।
हृदय घड़ी का
        सदा सहेगा।
        सदा रहेगा।
        सदा कहेगा।

हत्यारिन

कविता मारती है।
दुख-सुख के कर्ता करण
औ' उपकरण को
सबको कविता मारती है।
बस स्वयं को ही
एक पथरीले अहं को ही
वह तारती है।
कविता मारती है।

सूर्य-वन्दना

सूर्य किरणें कुंजी हैं
सन्दर्भ के गहन गर्भ की।
देख तो!
प्रभात के इस प्रथम प्रकाश में
उभर आयी है पुनः कसक
भुलाये मुरझाये प्रिया पत्र के
मर्म की!
ओ सूर्यकिरणों!
तुम सार्थवाह हो, सार्थकता हो, सतर्कता हो,
मेरे अन्धे कवि तर्क की!

नयी दिल्ली, जुलाई '54

प्रातः आज

प्रातः आज
झरा नीली-काली चट्टानों से प्रपात
हुई बरसात
बिस्तर समेटा,
तकिया उठाया,
साश्चर्य देखा
एक फूल पीला
मुरझाया :
मन मेरा
न जाने कब, किस दिवस
सँभाल कर दबाया।

नयी दिल्ली, जुलाई '54

अ राजनैतिक की राजनीति

(1)

स्वीकारना होगा
क्योंकि जिसे त्यागना है
उसे त्यागने से पूर्व
पहचानना होगा।

(2)

मध्य का गन्तव्य से सम्बन्ध है
क्योंकि मन्तव्य पथ का ही अन्त है।
क्योंकि पथ का तर्क गन्तव्य का तर्क है।
कई पथ हैं एक गन्तव्य के!
भ्रम है! भ्रम है!
हर पथ से जाकर देख ले
हाँ वही गन्तव्य है
पर फर्क है।

राम-वन्दना

राम ने
राम को
राम से
राम का की के
राम से
राम में पै पर
राम के लिए
हे राम! ओ राम! अरे राम!
हाय राम!

नयी दिल्ली, अगस्त '54

हमने कहा था

हमने कहा था भूल जाएँगे।
आलिंगन-चुम्बन के ये अंकन
मानस मसान की
परिवर्तन-चिता पर जल जाएँगे।
धातु सब मंजूषा में होंगे बन्द
मंजूषा धरा में गड़ी होगी
और होगी किसे फुर्सत कि उस पुण्य-स्थल
छतरी बनाएगा?
सच, सच ही हम भूल जाएँगे।
और बताओ भला ऐसा है भी क्या
कि जिसको याद रखेंगे?
कि जिसके खातिर, जैसा कि लोग कहते हैं
अपने को बरबाद रखेंगे?
अब का अब से मिलना
दो अँगड़ाइयों का संग संग खिलना
निष्प्रयोज्य संयोग
अलगाव और अभावक
वह जायका बिगड़ा हुआ जबान का
वह लालसा प्रबन्ध कुछ खट्टा खाने की
परिस्थितियों का अकाट्य तर्क
तकाज़ा दोलक का।
रहस्यमयी रात्रि की रक्त प्यासी हँसी
भय, उलझन, बेचैनी, असमंजस,
सुबुकते-आलिंगन-चुम्बन

कपोत-काँपता-आत्म करुणा-क्रम
रक्त-चाप-प्रत्याबल का जागर
और फिर वह
सुप्त सूर्य की टूटती तन्द्रा-सा
सुलझता हुआ समीकरण
उन्मुक्त विहग नशीली ऊँचाइयाँ
सम्भोग! सम्भोग! सरल, सहल, अनायास!
गहन अँधियारे में एक रोग का
दूसरे से सुख-दुख पूछना।
क्या इसी को प्यार कहते हैं?
छू-छू कर व्यक्ति-सीमा-रेख
फिर फिर अस्तित्व के विश्रान्ति-गृह में लौट आएँ।
हमने कहा था, बस यही नहीं समझाया था
कि इस तत्पर-तुला का सीमोन्मुख-सन्तुलन
सिकता का एक कण भी बिगाड़ सकता है।
कि हर कर्म का अपना कर्तृत्व होता है
कि हर चरण अपनी छाप छोड़ता है
कि हर पाप-स्थल को
पश्चाताप गोड़ता है
और आँसू उसी मरुस्थल में
ऊँटकटारे उगाते हैं।
हमने कहा था : यह सब भूल जाएँगे
बस यही नहीं समझा था।
कि फिर इसी की क्षीण ज्वर ज्वाला हमें
हमें शनैः शनैः जला देगी
और फिर भरपूर चेष्टा करने पर भी हम
जलते कर्पूर से उड़ कर
सीमा-मुक्त हो
विराट की अवैयक्तिक
व्यथा में व्याप जाएँगे।
हमने कहा था
हमारी ये व्यथाएँ तृष्णाएँ

और उनकी बोध-प्राप्ति क्रियाएँ
अनन्तस्पर्शी हैं
और देखो पाप-पुण्य के प्रस्फुटन का हर क्षण-क्षेत्र अनन्त है।
हमने कहा : भूल जाएँगे
भला ऐसा है भी क्या कि जिसको याद रखेंगे?
जायका बिगड़ा हुआ उत्कण्ठा खट्टा खाने की
वह लालसा प्रबल
उपन्यास जासूसी प्रीत-कौतुक-क्रीड़ा
मन बहलाव का कोई भी कैसा भी
साधन पा जाने की।
अबासियों का संगमन
संयोग कर्मपात्रता का
निष्प्रयोज्य निष्प्रयोज्य नितान्त निष्प्रयोज्य
उमस घुटन असमंजस बेचैनी
मौन के अन्तर में अनकही बातों का गूँजना
रात : ठहराव की वेला :
मकानों की आँखों में रहस्य की मुस्कानें
दूर कहीं एक्सप्रेस की सीटी का
अँधियारे को चीरना
अतृप्त कामना से नैशोत्सव परिकल्पना से
आक्रान्त प्राणों का फूटना, फूटना
जागर जागर
अजगर की टूटती तन्द्रा-सा
सुलझता समीकरण
दो रोगों का परस्पर आश्वासन।
हमने कहा :
नूतन की समिधा से
परिवर्तन चिर चिता जलती ही रहती है
संसर्ग का ही देते हैं उत्सर्ग
राख हो ही जाते हैं।
भूल जाएँगे : हमने कहा
बस यही नहीं समझा कि

इस तत्पर-तुला का
सीमोन्मुख सन्तुलन
सिकता का एक कण भी सकता है बिगाड़
कि हर कर्म का होता है एक अपना कर्तृत्व
कहा भूल जाएँगे इसे
बस यही नहीं समझा कि इसी की
क्षीण ज्वर ज्वाला में
शनैः शनैः कर्पूर से उड़ जाएँगे
हमारे क्षुद्र दुख तुच्छ प्रतिकार
हो सीमामुक्त विराट की अवैयक्तिक
व्यथा में व्याप जाएँगे।
हमने कहा अनन्तस्पर्शी हैं
कर्म और बोध की क्रियाएँ
और देखो
पश्चाताप-प्रस्फुटन का
हर क्षण-क्षेत्र अनन्त है।

परिपूर्ति

खिल आता है अँधेरे में, परम आत्मा का पुष्प
लोहित बनता है वैतालिक, सुनाता है लोरियाँ
गूँजता है शून्य में, एक स्वर-संयोग श्रुति-सुख
दीन दारुण दुधमुँहा, और सदय स्नेहोष्मा माता।
दूर अन्तिम अकेलेपन के, विरत विरक्त गगन में,
उग आता है झिलमिल, अनागतविद भोर का तारा।
तनी-तनी तपी भवें, चकित स्फुरित गोलाइयों में,
दुरासद गोलाइयाँ, दुर्दम-दुर्दम गदोलियों में,
फिर गद्‌गद गदोलियाँ, कृतकृत्य उच्छ्‌वासों में
बिसराती हैं सुधबुध।
चक्रवात-रक्तचाप, देह-दाह स्नायुधीर,
गात-कम्प श्वासरोध, प्राण-पान गुह्य-गान
बिछल-बिखर जाते हैं तीजे तिये चरम पंचम पर।
आह प्राणद मरण के सन्तापहर आश्चर्य स्पर्श से
बन ही जाता है स्वस्ति वाक्य संघर्ष का अस्तित्व
अलस अंखड़ियों पर प्रतिपल झरती ही जाती हैं कोमल
सरल ओस-भीजी पंखुड़ियाँ।

डूबता सूरज

डूबता सूरज
लौटते हंसा,
शतमुख रहस्य के दूरस्थ मानसर को।
प्रार्थी पश्चिमा, गेरुआ आकाश,
साध्य-सान्त्वना, सदय सन्धि-प्रकाश,
आराधना-वेला,
स्वर सब सामूहिक और हर दुख अकेला।
विदा, अलविदा, ओ आहत अनिवार्य-परिणत प्यार
कि वह विच्छिन्न, वह विह्वल, विक्रान्त विकार वह अपना
मनीषा के अंक में टुक सो गया है।

साँझ का तारा

दुकेले प्रेमी दिखते हैं, कुछ सुनाई नहीं पड़ते पर
पहाड़ी पार्श्व के उस बल खाते अश्व-पथ पर
सलोना तारा सब सुरमई साँझ का
अकेली आँखों का संवादी बन जाता है।

पूनो

चाँदनी वसन्ती है, अंगूरी आकाश
फ़व्वारे हरे-भरे कदली के गाछ
प्यारी छवि न्यारी यह दूजी वह शान्त
स्वप्नोपम तुम्हारा बसी मन में विश्रान्त
आमने-सामने दर्पण दो समान्तर
मध्य में अहम् मेरा ठगा-सा खड़ा हुआ।

निर्वृत्ति : प्रस्तावना और परिस्थिति

प्रस्तावना

सत्यं शिवं सुन्दरं, मात्र चर्चा ही सुनी।
वह घड़ियाल नाद यह अछूत आर्तनाद,
विद्रूप रूप कूप मंडूक वन्दना,
रक्तनयन निर्निमेष नैश नारक निश्वास
यह मोह से बिछोह वह मुक्ति वर्जना।
आप्तवचन स्वप्न दर्शन की, चमत्कार प्रदर्शन की, मात्र चर्चा ही सुनी।

क्षुब्ध क्षीण देवि, गुणगाढ़ तेरे गुने,
विहार दुर्निवार, बहु रंग ढंग बुने,
क्षमा के क्षितिज पर पाटल पूर्ण के खिले,
हर सदय पत्र तले मुझे संशय चुभे।
प्रीतिकर प्रसाद की, निष्कपट निर्व्याज की, मात्र चर्चा ही सुनी।

स्नायु-स्नायु झिल्लिका, शिरा-शिरा शारिका,
गात-गात शिंजिनी, ग्रन्थि-ग्रन्थि गायिका,
रन्ध्र-रन्ध्र अन्ध छन्द, रोम-रोम वन्ध्य राग,
चौगुन पर ताल, छिन्न-भिन्न तार,
हाय हिया का तिया, सदा ही अधूरा, सदा ही असार।
सम्पन्न सम्पूर्ण की, अविकल, औ' अखण्ड की, मात्र चर्चा ही सुनी।

यह नहीं उद्यान सिद्ध अनुताप का
करूँ आमन्त्रण जो सादर आपका
सुवासों सतरंगों में, तरंगमान अंगों में
जपते नाम किसी विश्रुत विषाद का।

यह घास है मुट्ठी भर, जाने कब और क्यों कर,
बेजान इस चट्टान पर जो बेजा उग आयी है।
जी यह घास है मुट्ठी भर जिसकी हरी-हरी किलक पर
रेत की चमक चढ़ आयी है, धूप की धधक लहरायी है।
नहीं, जल नहीं है यह,

प्रलयंकर प्रचण्डनद, प्रीत हृदय प्रपात,
द्वीपवती वात्सल्यमयी, सरो स्वामी सरोवर
या विजन में विश्रान्त कुमुदिनी कान्त कोई।
नहीं दलदल भी नहीं
जो हो जाए आच्छादित, प्रहर्षण पद्मखण्ड से।
निर्मम फिसलन निरन्न है
किसी बूढ़ी बावड़ी की पौड़ी की यह काई है।
न इतिहास है न आदेश, न परम्परा या परिवेश।
छिपकली-सी गिलगिली यह निरूप एक नराई* है।
क्या दिखाऊँ क्या सुनाऊँ, कुछ समझाऊँ तो क्यों कर?
फैलाऊँ आँचल किसका, किस-किस की दुहाई दे कर?
कुछ भी तो नहीं अपना-सा व्यथा की इस कथा में
इसकी हर चाल हर चोट आह कितनी परायी है!

कैसी यह रात!
बाहर भीतर अँधेरा घनेरा है,
जीर्ण है नीड़ ज्वर का बसेरा है,
समय ने मुख फेरा है।
मर्माहत किशोरी-सी, कोनों में सुबकती है, बीती हर बात! कैसी यह रात!
अहरह कहीं दूर द्वार, खुला खूब खड़कता है,
ठिठुरते हैं घर आँगन, मेह मूक बरसता है,
साँय-साँय कैसा हाय, कटखना है सन्नाटा,
अब लगती है अजनबी, खुद की पदचाप, कैसी यह रात*

दुंदारों के बीच दरारें बड़ी-बड़ी,
दर्द से दरका हुआ दर्प का आकाश,

---

*नराई (कुमाऊँनी शब्द, अर्थ-स्मृत्याभास)

छिद्र प्रति छिद्र, प्रेत प्रति प्रेत, गात प्रति गात
गत रासाभास!
कैसी यह रात!

कुछ तो कह कुछ तो सुना, अभी न जा छोड़ के,
तोड़ के मोह यूँ मुँह मोड़ के अभी न जा,
ठहर तो रुक भी जा, गजर बजा अभी कहाँ
असर चढ़ा अभी कहाँ, दवा-दवा की दुआ,
सूइयों के सदके, दर्द मर गया, मगर मरा दिल मरा कहाँ?
नीम ख़ाब नींद ख़राब, कुछ तो कह कुछ तो सुना,
आ तो सही ज़रा पास, मेरी हवस के हवास
कि साँस को सहारा दे भास को सिरहाना बन,
ले रख भी ले गोद में,
हाँ फूलेगी फलेगी अब की आषाढ़
मेरी यह रात, यादों की याद।

परिस्थिति

आयी आलि नयी भोर!
लाज लाल बाल सूर्य, कमल नयन खोले,
जाने कहाँ उदित हुआ, पंछी बन बोले।
धायी रम्भायी नहीं, गोकर की गैया,
याद मुझे आयी नहीं, कदम अंब छहियाँ,
लसत लसलसायी नहीं, गमन गूँज दैया,
रिक्त रति अभिलास लाश, स्वेद सेज सैयाँ!
कहाँ ललि लटपट लजोर!
आयी आलि नयी भोर!

गैल गलियारे जागे, कलह दृग खोले,
खूब धुँधआये यहाँ, चूरे के गोले,
स्वप्न अंजन सार नयन, करुआई छायी,
सुमिरन क्षण मलिन मनन, त्यक्ता तरुणाई।
अह बासी तन बाज मन, बासन टकराये,

कल के सुख स्नेह सकल, धोवन से धाये!
प्रभाती भाती नहीं, प्रवासी हुई हिलोर!
आयी आलि नयी भोर।

सूर्य अश्व पथ प्रशस्त, नील आकाश का
वह समय रथ अनन्त अथ, बढ़ता चला गया
मन मेरा मरहूम वह, नीरस निराश-सा,
मनहूस उसी डगर पर, चलता चला गया।
गन्तव्यहीन गति और, हतोत्साह यति की
अस्पष्ट कर्त्तव्य और, स्पष्ट अवसाद की
नष्टचेतन सन्धि, म्लान सन्धिप्रकाश की
कथा धारावाहिक वह पढ़ी हुई हजार बार
बार-बार पढ़ता गया, पढ़ता चला गया।

कितनी बार अभी और?
विजय कमर्शियल कालेज, वर्णिक ज्ञान दुकान,
टाइपिंग व शार्टहैण्ड, निशान्त के निशान,
मिस मखिजानी के पिता रामकृष्ण के भगवान्,
सम्पर्क अभिनवीकरण, प्रतियोग व इम्तहान।
जूठा अखबार जूठे 'कॉलम वॉन्टेड' के
'क्यू-कार्ड पी.ए.पी.एस., चिट' फोन सिफारिशी
दौड़-धूप की धूप धूल, गुनगुनी शिकंजी,
चालीस की 'स्पीड', सपने सार्थक स्वेद के।
टाइयाँ जेबी घड़ियाँ, 'कफ़लिंक' सुनहरे
गत गौरव विगत वैभव, ऐंठन रखी हुई,
घर में धोयी क़मीजें, इस्तरी बुझी हुई,
जूते चमचम चमकते व 'सोल' फटे हुए।
दहकती सलाखें, संलग्नशील स्नेह की,
अनगिन आह घाव, अनन्य अभाव के।
कितनी बार अभी और, कुछ कमी हर ठौर।
उचाट-उचाट किसी रात उठ कर दुःस्वप्न से,
सुना आह सुनसानी का तकिये पर सिसकना,

माँ की नानी आँखों में पानी का चमकना।
निश्वास नयन देखा है उदास किसी साँझ में
अपनी 'ट्यूशन' से लौटी कुँआरी बहन का
देहरी का बैठना दालों का बीनना,
'पुलोवर' का बिनना, क्षितिज का ताकना
गन्दे रूमाल में, गुपचुप दुःख खाँसना।
सिकुड़ी सकुचायी सिमटी रूखी रसोई में
जब-जब भी उठायी दीठ बेपनाह फ़र्श से
चेहरा मूक बहरा देखा, आँखें पन्हा पनिहा देखीं
आफिस थके अकाल ही पके बुझे-बुझे भाई साहब की।
छिः एक दर्द है नामर्द हर किसी स्वर में
कहकहे भी आँखें यहाँ छलछला जाते हैं,
'ड्रामा' नहीं 'मेलोड्रामा' है जिन्दगी
अभिनय अतिरंजना सबके सब कर जाते हैं।
कितनी बार अभी और, वही कसैला कौर!

झूम के जवानियाँ झुमके पा जाती हैं।
हे राम हे राम का कुहराम मचाती हैं।
वृद्धाएँ विधवाएँ कनबतियाती हैं।
व्यथा का व्यथा से ब्याह रचाती हैं।
बम्बे पर मटके धर बाल बच्चों वालियाँ
बैनों से सैनों पर नचाती है गालियाँ।
नखरों से निहोरों से, कटाक्ष से निश्वास से, कलुषित कमाई इस नगरिया में,
जोरू भुनाई, भरपेट खायी। अरे हरजाई, इस नगरिया में।
कल के कन्हाई, आज काट के कनाई, और ओढ़ के रजाई, या चढ़ा कालर,
झुग्गी से दूर, निठुर नलपथ पर, बीड़ी कश खींच नतशीश चले जाते हैं।
सुन मेरी माई, सुनो रे मेरे भाई,
किस्से गढ़े जाते हैं किस्से सुने जाते हैं,
सब सबको छलते हैं सभी छले जाते हैं।
दरिद्र दीन दृगों से तलामली झाँकती है,
कुप्पी तले लोन ललौ पाप पोल बाँचती है,

चुप्पी तले चुस्त एक चोली उभर आती है,
गान्धारी की गोद में भविष्यत् भर जाती है।
इस्पात अँधेरे में झन्न झमक जाता है,
वह रात का गया हुआ सुबह नहीं आता है।
भई इन्सान ही तो है, पैदा होता है मरता है,
कूड़े का टोकरा है, खाली होता है भरता है जन जीवन और जहान।

घड़ी की सूइयाँ, कैलेण्डर के चित्र, समय के संकेत
विकल्प निगल जाते हैं,
खुद ही से ऊबे, खुद ही में डूबे, मानसिक मन में,
विकार मचल जाते हैं, सर्प चपल सौ सौ, मैं मेरा और महान्।
रेडियो है रोटरी है खबर तरोताजा सुनी जाती है,
कायनाते सियासत की सूरत ही सीरत हुई जाती है,
आवाज़ से तेज, स्वचालन से चालित, आकाश से परे, स्वशासन से शासित,

नया-नया कुछ नायाब-नायाब
मगर मरियल का वही हिसाब।
कितनी बार अभी और, मैं नहीं कोई और।

परिक्रमा करता मिमियाता बकरा।
जाने कैसा नाता, तोड़ा नहीं जाता, थोड़ा लेकिन ज्यादा,
बँधता ही जाता
मन सर्द जर्द चीजों से।
चाह के चेहरे पर गर्द का ही खाता, जाने कैसा नाता।
बन्द दरवाजे, दुखती मुट्ठियाँ, चिपचिपा माथा, जाने कैसा नाता।
गवाक्ष पर खड़ा बिहँसता प्रकाश
गलियों में गालियाँ गूँजती गताश,
सुनती सतवन्ती, कराहता कचरा, मिमियाता बकरा।
कितनी बार अभी और, कुटेक कुदिन कुठौर।
धरती तपती, पपड़ी जमती, टिटहिरी तड़पती आग के खेत में।
विजन में घोर, बोलता मोर, वासना रेंगती काँच के रेत में।
गुलबकावली, बकौल शख़्से, गुलबिकावली, बकौल शख़्से,
गुस्ताख़ी मुआफ़ वह पिछला हिसाब।

मत्सर मति मात्रा स्पर्शा श्रुतिविप्रतिपन्ना तथा फ़िरदौस।
गली-गली टूटी टोंटी है, पानी-सा बहता है पानी,
यह दुनिया फ़ानी यह अहं अधमरा, मिमियाता बकरा।
कितनी बार अभी और, जीना कोई दिन और।

हर गात अधीर और, आँखों में वीर्य और
सीलन की सेजरिया आह की अभिगामिनी
अह बासी भोग और ठंढस संभोग और
खीर की कटोरी पर पीर की परछाइयाँ।
एक चीर, एक चीख, एक चाकू खुरदरा, मिमियाता बकरा!

हर जीत एक हार कितनी बार कितनी बार
यह वंचना प्रवंचना आकर्षण प्रत्याकर्षण,
मृग जल तर्पण पिता का मृग बन्धीन माता की।
कितनी बार अभी और, कुल सिरमौर!

चाँद तारे सभी तेरे हैं, दूरियों के दर्द मेरे हैं।
मैं क्या हूँ कुछ भी तो नहीं, न आकार हूँ न रेखा हूँ,
इक नुक़्ता हूँ नाचीज-सा, जहाँ हर दिशा हर देश का,
रास्ता हरेक मिलता है, दूजे से एक कटता है।
धूल-धूसर धावन धौला, पसीने से लथपथ घोड़ा,
हहरता जहाँ हाँफता है, बौर कलगी का काँपता है।
दीन-दुनिया देन तेरी है, दीदाओदिल ही मेरे हैं।
संयम संविधा सुविधा मान, संख्या गुण प्रतर प्रमाण
हाँ ये सबके सब मेरे हैं, इस नाते कि मुझे घेरे हैं।
संसृति संहिता संहार, सद्योमरण सिद्ध प्रहार,
नश्वर में अनश्वर व्यापार हुआ करें किसने देखे हैं?
मैं कौन कि कह सकूँ, बुरी बुराई कौन, कौन बुराई भली,
मैं कौन कि धुन सकूँ अपूर्ण सच्चाइयाँ, स्वस्थ हो बुन सकूँ।
सुख समग्र सत्य का।
बजबजायी बजाजी के जलांतक का बच्चा, मेरी भला हस्ती क्या?
हैं हालात हाथ में तेरे, फैसले भले ही मेरे हैं।
पन्द्रह दिन आत्मकरुणा पन्द्रह दिन अहंमन्यता
फिर मेरी क्या अनन्यता?

मत्सर मति मात्रा स्पर्शा श्रुतिविप्रतिपन्ना तथा
हर्षित रोम तप्त त्वचा।
जो दिखाएँ और देखें भी, समनयन वे कहाँ मेरे हैं!
मैं कहाँ मैं कौन मैं क्या

जो करूँ अनागता हेतु हर आगत्या की हत्या?
निमित्त सभी है विपरीत और गांडीव है गिरता।
क्या हुए वे प्रवचन तेरे, बाँधे कफ़न बन्धु मेरे हैं।

नियौन झकाझक नगर, बदहवास हर नजर,
बेतहाश हर डगर, करिएगा क्या मगर,
पड़ ही जाता अक्सर, प्रजाकाम 'कैंकर!'
युगतन्त्र का हरेक तनुव्रण टीसता
अमरत्व का अमर्ष पुंसत्व फींचता
प्रतिपल खींचता दशा दर्पण और!
वहाँ नहीं
महामहिम मरुराज, अक्षता हिमसुता, धीर सिन्धु सम्राट,
सुधा स्नात वसुधा
वहाँ यही
एक छोटी-सी खाट, एक रोगी की खाट, किसी पाहुन की बाट
जिस पर हुमकती।
वत्सला वातुला व्यथा, वृथाभूत पूर्वजों की, तिल-तिल तरसती
दक्षिण दमकती।

भारी थी तबीयत, बूँदाबाँदी हुई हल्की,
कर्म की बोलीं वो तू चिन्ता कर न कर फल की,
बाद आज के सनम सब अपन सोचेंगे कल की
शाखें थीं जड़ों-सी बड़े पातझड़े पीपल की,
गंजा गिद्ध गुम्मा गमखोर उस पर बैठा था,
शह खाया शहर बस कतार में कातर खड़ा था।
कहाँ विहँस के तब बोतल की आखिरी बूँद ने,
अभी आ जाती है रात महा सबको मूँदने।
मैं क्लर्क तुम क्लर्क भाई क्लर्क तुम क्लर्क मैं
लो जाने भी दो 'सिलोलाइड' स्वर्ग में।

स्वर लहरी मैं सुनूँ कि सुने मेरा दिल भी
जो होगा सो होगा या 'वाटएवर विल बी'।
न होता मैं न होता, जार-जार कौन रोता,
आह यह तो न होता, यह तीखा यह तीता
बिना सलीब का ईसा।

कथा धारावाहिक पढ़ता ही चला गया
काँटा अस्तित्व का गड़ता ही चला गया।

निर्वृत्ति : परिप्रेक्ष्य

मनुपुत्र प्रजाकाम! जनम दफ़्तर में दर्ज एक दर्द एक नाम!
कुछ नाजायज कशिशें, कुछ कोशिशें नाकाम,
नामालूम-सी नसैनियाँ, नामाकूल-से इरादे,
कुछ नादान नरमाइयाँ और निहायत-से वादे,
साथ में क्या नाम, रोम-रोम रमे राम!
आज आपसे बताता हूँ
उसका तो उसका, अपना भी धाम भूल जाता हूँ।
शृंगार और शौर्य और काव्य कैशोर्य,
वे कांक्षा के शोर,
आखर आखिरी चार, उनके परवरदिगार
मुड़े दबे पड़े कहीं हैं किसी तराने में
तहों के तहखाने में।
आज आपसे बताता हूँ
'राशन कार्ड' हुआ जाता हूँ
वह सरगमे इन्साफ वह परचमे इनक़लाब,
जी हाँ जनाब वह सब कुछ है याद,
मगर तब जो नाराज था आज बस नासाज है,
देखिए न कितना तमाम इतिहास है,
महज़ परिहास है
समाधि में छिपी हुई, छिदी हुई लाश का,
ज़िन्दाबाद-ज़िन्दाबाद का!
आज आपसे बताता हूँ।
पछतावों पर पछताता हूँ

पत्थर सरिता दर्शन कविता, जी हाँ, जी हाँ,

लेकिन कल तक था जो कविवर आज वही बाजीगर है
शब्दों शर्तों स्वर्गों नर्कों अनर्थों के अर्थों का।
कहें आप ही क्यों कर होवे गालिब आज गजलसरा
बज्मे बहम है शमअ शगल है व्यतीतों का व्यर्थों का।
आज आपसे बताता हूँ
गुसलखाने में गाता हूँ।
अहा मन चंगा हो कठौती मे गंगा हो,
'पैण्ट' में पाकिट हो पिस्तौल हो कंघा हो,
स्नेह की आँखें हों स्वार्थ बिल्कुल अन्धा हो,
राजसम्पर्कों का राजसी इक अन्धा हो।
अधेड़ हो लालसा मगर ललना कमसिन हो
तनमन रहे तन्मय अगर आत्मा में 'पिन' हो।
आज आपसे बताता हूँ
डाह की राह पर चाहे चलाता हूँ।

डॉक्टर रतिभंजन संचालक अनुसन्धान
पाइप-पली प्रज्ञा फाइल-फूले अनुमान
विज्ञान हेतु शान्ति या शान्ति हेतु विज्ञान
यानी आण्विक भट्ठी या नकली गर्भादान!
आज आपसे बताता हूँ
प्रयोगशाला में चाय बनाता हूँ।
लेखक कवि चित्रकार प्रयागकुमार दीक्षा :
पी.एच.डी. थीसिस : 'नायिका भेद परीक्षा
द्वारा फ्रायड संहिता' : 'समीक्षा की समीक्षा'
'राधिका' के रचयिता : अन्य कृतियाँ प्रेस में

धन्य 'फेन्सी ड्रेस' में : पहने गीला गमछा
मुझसे बोले अच्छा, लाओ भी जोशी तुम
साहित्यिक अपनी दुम, बँधवा दें उस पर हम
जॉऽयस का लच्छा!
आज आपसे बताता हूँ
कृष्ण को क्राइस्ट बनाता हूँ।
जमाने भर की वह प्रेरणा जानी मानी,

बुद्धियोनि योनिबद्ध कामिनिया कारखानी,
लज्जतदार लज्जाशीला लाड़-लड़ैती लासानी,
लोक कला हित रोज बनातीं 'टाय हुसेन' राखदानी।
आज आपसे बताता हूँ
योगिनी कला को नियोगिन बनाता हूँ।
प्राध्यापक दत्तज्ञान धीमान श्री छत्रिका
सम्पादक 'क्ष त्र ज्ञ' विचारों की पत्रिका,
रात उठ करते रमण प्रातः उठ करते मनन
अरविन्द! अरविन्द! कैसा यह जीवन चलन?
आज आपसे बताता हूँ
पूर्ण से घटा कर पूर्ण खुद को खुदा पाता हूँ।
श्रीमान सामन्त स्थानिक राजनेता,
वक्त की चुनौती के खुदरा विक्रेता,
सेवक संकट के साथी नजरबन्दी के,
दूर से रहे देख दिन निज मन्दी के।
'पास बुक' से कहते, द्वापर हो या त्रेता
एक हाथ देता घूस एक हाथ लेता।
आज आपसे बताता हूँ
दो मिनट हर साल मौन उन्हें मनाता हूँ।
शासन सेवा वाला मिस्टर मेवा वाला,
एक बेटा 'शल' में एक बेटा 'विल्स' में
'स्टेट्स' में है बिटिया मेम साहब 'हिल्स' में।
हाय 'स्कॉच' हाय 'स्कर्ट' हाय अधरात जलन
सुबह-सुबह होता है बौद्ध विहार उद्घाटन।
आज आपसे बताता हूँ
खयाली पुलाव भी छुरी काँटे से खाता हूँ।
कृष्ण पुलाव भी छुरी काँटे से खाता हूँ।
कृष्ण आर, टैगोर आर, प्रसाद आर सभी गये
एम गाँधी, वी आनन्द, हार-हार सभी गये
आला एन, बोस एस, टी झलक, एस राय
मेरे सब भले गये चले गये हाय हाय।
आज आपसे बताता हूँ

श्राद्ध-टिकट देकर दे कर पिण्ड छुड़ाता हूँ।
कान खोल कर सुन लो भाई गाँठ बाँध लो निज मन में
पुरातत्व का देश हमारा पूरा तत्व पुरातन में।
जर्मन ने सीखा था हमसे अमरीकन है सीख रहा
चर्खा-करघा-कपड़ा अपना न्यूयार्क में दीख रहा।
बम्बई में जो उगता केला मास्को उसको खाता है।
श्रद्धा से भारत माता का माथा झुकता जाता है।
यह देखो यह ताजमहल है देखो यह अजन्ता है,
और यह भिलाई है मेरे भाई लोहा इधर बनता है।
चितरंजन का अंजन देखो डब्बा पेराम्बूर का,
भजन सुनो मीरा बाई का या तुलसी या सूर का।
वह देखो वह भाखड़ा है अन्दर जिसके मन्दर है,
कम नहीं 'इण्डियन' इससे हारा बड़ा-बड़ा सिकन्दर है,
हम लोगों का खास चीज आत्मा का अन्दर है
कौन साला बोला तुमको हुनमान जी बन्दर है?
आज आपसे बताता हूँ
ताल ठोक कर लाल किले पर आल्हा-ऊदल गाता हूँ।
अभी गया था एक जलूस, छोड़ दो छोड़ दो,
अभी गया था एक जलूस, तोड़ दो तोड़ दो।

बात-बात पर देखो कइसा मारा-मारा चलता है,
कौन हमको बोला था सरकार भी बदलता है।
किसकी भी हो कैसी भी हो सरकार सरकार है,
सुनता कौन सिवा परमात्मा दुखियों की पुकार है?
पितरों के पुतलों के नीचे पतुरिया दलाल हैं,
पेट-वेट का चक्कर ऐसा पाप सब हलाल हैं।
ठाँव-ठाँव में चौपट सब कुछ कव्वे करते काँव-काँव,
नामर्दी की गाड़ी भैया पहुँच रही है गाँव-गाँव!
आज आपसे बताता हूँ
'गाल्थरा' के मजार पर आँकड़े चढ़ाता हूँ।
भाषा परिभाषा का आक़ा अजब हुआ तमाशा है।
संकट घोर समन्वय को है नरों को निराशा है
भारत विश्व नहीं हो पाया, विश्व हुआ नहीं भारती,

साँझ समय 'स्लीवलैस' होती साधुबेला आरती!
पदयात्री है, पदवी भी है, महात्मा और अफसर हैं,
पूरब पश्चिम पश्चिम पूरब अन्तः राष्ट्र अवसर हैं।
योग भी है योजना भी 'पॉप साँग' पक्का गाना,
इसे बनाये रखना हमको उसको भी है अपनाना।
आओ ले कर मदद विदेशी पोत एक तैयार करें,
'शाम्प्याँ' पी कर तोड़ें नारियल वरुण देव को याद करें,
ताज अजन्ता खुजराहो का विधिवत् हम निर्यात करें,
गिरवी रखकर अपने खण्डहर 'क्रेन क्रेन' आयात करें।
आज आपसे बताता हूँ
माता को भरमाता हूँ।

आह यह देश यह क्लेश यह राष्ट्र यह द्वेष
छद्मवेष छलना जिसका विधान है,
लहरों पर टिका एक बड़ा सारा सूरज है,
बादलों से टँगा फटाफटा बादबान है।
यहाँ वर्तमान किन्हीं भी आँखों में वर्तमान नहीं रहता,
दयनीय दृष्टि आगा-पीछा देखा करती है,
भूल-चूक लेनी देनी की क्या खूब भूल-भुलैया है,
बात नौ नक़द की तेरह उधार हो कर रहती है
पाँच बहनें बिन ब्याही झरोखा यहाँ झाँकती हैं,
नौ भुलक्कड़ भाई एक स्थायी चित्र देखते हैं,
गतिहीन उसी आगामी आकर्षण का।
नित्याभ्यास में खोता है आयास अनायास का
आग्रह अनंगपाश में अंग-अंग मढ़ता जाता है।
इंसानियत जीती है आये दिन के इत्तहादों में
रोजमर्रा के इतिहासों में इनसान मरता जाता है।
हे वीरप्रसूता वीराधा
चालीस कोटि योद्धा सन्तति, रणक्षेत्र क्षुधा, आयुध दुर्मति,
सम्प्रति स्वयं दुश्मन दुर्दम
हे शाश्वतमना समयविरुद्ध!
हे हिरण्यगर्भा गर्भनिरुद्ध!
जय हे! जय हे! वंशानियोजन!

जय हे! जय हे! अरण्य रोदन!
जय हे! जय हे! भारत माता!
जय हे! जय हे! विस्मृत गाथा!
वह सोम होम सम्यक् समिधा
अब नहीं यहाँ, सब हविस हुआ।
अब रहा हविष्य, केवल भविष्य, काल्पनिक इष्य
शिशु आँखों का!
गह जड़ भाषा धातु पुनीत!
यह जूठन यह आप्य अतीत!
मेरा मीत व्यथित व्यतीत, मेरा घर पूर्वज खँडहर
मेरा देश यह अवशेष!
लुप्त हुआ पिण्डोदक हुई लुप्त कुलदीक्षा है
हर उछास है कारावास, कृष्ण जन्म प्रतीक्षा है!
आह भारत!
कब का चला हुआ, थका हुआ, चुका हुआ,
घिरा हुआ, घिरा हुआ, आधा गिरा हुआ
आह सूर्यवंशी!
आह सूर्यमुखी!
ढुलक-ढुलक पश्चिमा अंक में।
कर ले किलकरकी कलफ़दार बंक में।
आह भारत!
अनुवृत्ति स्मारक।
मेरा था मैं, जो वह मैं मेरा किधर गया?
अपनाया था अपना जो, कैसे बिखर गया?
मैंने कहाँ चखे वे काफल जो पके रे
चित्त का चैत वह अनचीन्हा ही गुजर गया।
बुरूश जो लहके, दाड़िम जो चहले, ऐंपण[1] जो बनाये, रूमाल जो रँगाये
सुवाले[2] जो फैलाये, शकुनाखर जो गाये,
भेंटणे[3] जो भिजवाये, सनेही जो पठाये, मुझसे कहाँ मिले?

---

1. अल्पना। 2. सुखा कर तला जाने वाला पकवान-विशेष।
3. वह सामग्री जो भेंट करने आया हुआ सम्बन्धी अपने साथ लाता है।

वे छलक छवि के झलक बिरवे इन आँखों कहाँ खिले?
ओ महानगरी! ओ महामाया!
अहेरी अँधियारे से बचाया पाराबत्ती ने,
तंग उस गलियारे से बुलाया राह चलती ने।
यह देह की दुनिया वह मानस के मानचित्र,
विचित्र सम्बन्ध, क्षणिक अत्यन्त।
किराये का कमरा, दिखावे की दुल्हन,
पराये का पौरुष, सर्जन और अर्जन।
गन्दा पलंगपोश और होश से बेहोश वह होशियार काया
आज मजा नहीं आया कुछ वसूल नहीं पाया।
ओ महामाया!
मर्म में तेरे इक छोटा-सा गाँव,
गर्भ में तेरे दो थके-थके पाँव।
खुशियों का मौका है, नैहर का न्योता है,
जाएगी चिरैया?
उस डार जो फले अनदेखे ही झर गये,
इस प्यार जो पले अनखेले ही मर गये।
देखेगी क्या, क्या दिखाएगी चिरैया?
ओ महास्मृति!
तेरी आँखों में जल था, फैला-फैला काजल था,
हर पगडण्डी थी पगली, सचमुच मैं भी पागल था,
थे सशक्त सभी क्षितिज अशक्त तेरा आँचल था।

फिर घुप्प अँधेरे गूँजती इनकार झींगुर की,
थी होती गयी सगी सन्ताप के उर की,
चर्चरी-सी बयार, चरचराती मशाल, चुनचुनाते छाले, चिड़चिड़ा मन,
और सहसा यवनिका पतन, चर्वित चर्चरिका
कृत्रिमता ज्वलन्त, नागर दीपमालिका।
जिस पर मर मिटी मिथ्या, प्रगल्भा षोडषी इप्सा।
फिर पदचाप ने पूछा क्या होगा क्या होगा?
दहकती हथेलियाँ, ठण्डा लोहा, महामोहा ओ महास्मृति!
पहाड़ के ललाट से छूटते प्रपात के अछूते नाद के
आ रे प्रतिनाद!

तू मुझसे पहले और तू मेरे बाद,
एक शाश्वत दाय एक सनातन याद!
कोशिशें मेरी कुल बन जातीं एक पुल,
पहुँचाने को तेरी छाती के पार
चूड़ी का बाजा, चमड़े की चप्पल,
छपी हुई 'वायल', छिपा हुआ सुजाक!
पूछती है चिरैया जाऊँ क्या? जाऊँ क्या?
पूछती है पदचाप क्या होगा? क्या होगा?
एक मकान, एक दुकान, एक पत्नी, एक प्रेमिका,
और फालतू वक्त पालतू फूलों की क्यारियाँ।
दाँतों का हिलना, बालों का गिरना,
पुरमज़ाक कई दूसरी बीमारियाँ।
और अगर और मगर
कुछ सुसंस्कृत, निश्वास, कुछ साहित्यिक लाचारियाँ।
झाड़ियाँ हरी भरी सफेद पके बाल,
सधी हुई सैर सधी-सधी चाल,
चार बजे चाय नौ बजे 'मिक्सचर'
और रेडियो खबर।
उभरी हुई कीलें, पुरजोर अपीलें
जिनिवा की झीलें, खल "सेवन नो ट्रम्पस" का।
कसमसाता क्लीव अणु और उच्छृंखल वह उद्जन,
यों ही-सा यास यादवी विध्वंस का।
और फिर मैं और मनु और मीन,
परमार्थी स्वार्थ की नवीन सृष्टि,
वही तरलता, वही ताप, वही वृष्टि,
वही दण्ड, वही दाम, वही भेद वही साम,
मनुपुत्र प्रजाकाम!
यह तेरा जीवन, यह तेरा सृजन, यह दुकेले का द्वीप,
जहाँ एक तू, एक तेरा एकाकीपन और समीप
समुद्रचिल्ली की चीख।
जाऊँ क्या? क्या होगा?
क्षय से क्षय, भय से भय जनते हुए,

दिए दर्द सहते हुए, मिले दिन गिनते हुए
तूने कहाँ लखे, ईसा के घाव जो पके
अंग जो गले तेरी जिजीविषा के।
जाऊँ क्या? क्या होगा?
अन्तरिक्ष के अन्तर में निःशब्द संगीत,
कुछ भुरभुरे मुरमुरे मर्मस्पर्शी प्रतीक,
चाँद, चिट्ठियाँ चन्द चूड़ियों के टुकड़े।
ये पुरखों के पाँव वो नयी पीढ़ी की लीक।
जाऊँ क्या, क्या होगा?
अक्षता किसी वनस्थली में बस जाने की,
दग्ध तलुवे स्तब्ध जल में डुबोने की,
मोह को मुक्ति दे मुग्ध हो जाने की,
दृश्य दृश्य दमकती लड़कैंधी लिप्सा,
और लो लंगर खिसका,
खिल उठे आसमान पर बादबान ललछौंहें।
जाऊँ क्या? क्या होगा?
रहस्य रोमांच नादिया निडर कुशल कुशवाहाकान्त।
सन्दर्भ सन्धान श्रीमद्उपनिषद वेद वेदान्त।
क्षण-क्षण में शंका, प्रलोभन पग-पग पर,
हर कर्म आशंकित आवर्तन अधर्म का।
'पटायलवी सोलन' के दीवारें दर्पणों की,
क़हक़हों में प्रस्फुटन मृतप्राय मर्म का।
कांक्षाएँ, कामनाएँ और कुछ काम की बातें,
कुल जमा सात सूने दिन सात सूनी रातें,
और सब कुछ कह चुकने, सह चुकने के बाद,
आह प्राणधन!
एक मुख़्तसर-सा, मासूम-सा, मामूली चुम्बन
और सूजी आँखें।
जाऊँ क्या? क्या होगा?

मातः

उस दिन वहाँ उन सूनी-सी सीढ़ियों पे
रोयी थी तू जब शीश अपना व्यथा नत
इस संशयात्मा स्कन्ध पर धर कर
मैंने बिखरे सारे आँसू फूल चुन-चुन कर
काँपती अपनी कमजोर अंजुरि में भर कर
सादर श्रद्धानत कर दिये थे समर्पित
तेरे ही चरणों पर तेरे ही चरणों पर।
सजल दो नैन उस क्षण सजग हो उठे थे
खिल उठी थीं आह कपोलोर्मियाँ
कैसी तू उस क्षण मुझे अजनबी-सी लगी थी
कैसी सुदूर आह कितनी परायी थी
वात्सल्य-स्नात तेरी करुणार्द्र वह मुस्कान
पुस्तक-पाठ-प्रौढ़ मेरी इस प्रज्ञा को
तदपि विगलित हो प्राण मेरे निश्च्छल
साभार अनुक्षण कर रहे थे यह स्वीकार
सच है मातः
सच है मैं तेरे सन्ताप की ही सन्तति हूँ।

स्थिर-अंकन

कल साकार दीप, दीप की शिखा,
झिलमिल झालदार झिलमिल इस शोकालोक में
कागज के गुलदस्ते, मटियाली पुस्तकें पुरानी
टूटे मिट्टी के फल, खिलौने बिखरे हुए
निरुच्छ्‌वास साल, रुकी हुई घड़ी,
एलबम तस्वीरों का,
और धूल की परत भाराक्रान्त संसर्ग से
आक्रान्त यह पार्श्व-भूमि
और इस पर अनायास आरोपित
मुरझाया मुखमण्डल मूक तुम्हारा यह।
नाटकीय आह्‌वान, रंगमंच गत जीवन
ईश प्रेरित अभिनेता
समर्पण समर्पण तुम्हारा यह।

एक क्षण को

कस्तूरी के मृग-सा मैं ढूँढता ही रहा
तुम्हारे दीप्त मुखमण्डल के चहुँ ओर
मन्द-वेदना-सुगन्ध का स्रोत।
कलियों, किरणों, और कण्टकों की भाषा में
सुनाता ही रहा मैं तुम्हें तुम्हारी ही कहानी
तभी तुम्हारी पलक थिरकी
थिरक कर दरसायी गयी नादानी
मेरी, कब, कहाँ, और कौन कह सका है
परायी व्यथा की कथा?

अब बस अब बस

अब बस अब बस
मत कोंचना अब और सूखी इस टहनी के
भरी भरी बाँह में विषदन्त गड़ा दूँगा।
मत हँसना अब और ओ आकाश गर्वीले
तेरे सुनहरे नीले चेहरे को शोणित से रंग दूँगा।
मत कराहना अब और ओ दुखी दीवारों
जीर्ण शीर्ण इस घर को आग लगा दूँगा
अब बस अब बस
आह पौरुष नष्टार्थ आह
आक्रोश वीर्याभाव के!
बँधी हुई मुट्ठी दर्पण को तोड़ती
अनावृत अहं और अहं की क्षुद्रता!
कुछ नहीं कर सकते तुम
हाँ कुछ नहीं कर सकता।

डूबता सूरज

डूबता सूरज
मृदु मन्द गल घण्टियाँ बजतीं
जगते साँझ की दीये, कुहरा उतरता है
हैं लौटते हंसा
रहस्य के दूरस्थ उस मानसर को।
हो चला गेरुआ आकाश
दिन और रात हैं मिलते
आराधना-वेला
पश्चिमा से प्रार्थना के शान्त-स्वर उठते।
छोड़ दे अब हाथ
छिः साथ यह कैसा, अहः खिलवार क्षण भंगुर,
ले अब जाने दे मुझे आगे
कि बारम्बार मुड़ मुड़ के निरखा करूँ
दुखी यह मुख तेरा ही ओ मेरी सूरजमुखी?
दे मुझे दूरी कि जाकर दूर मोहासक्ति से
परख सकूँ समझ सकूँ इसी स्थल को
छोड़ना जिसको अनिवार्य है अब हो चला।

नमस्कार, अगले ज्वार तक के लिए
विदा, अलविदा ओ परिणत प्यार
कि वह बिकार अपना
मनीषा के अंक में टुक रो गया है।

कल

कल कवि गीत होगा
अतुकान्त छन्द नहीं।
कल प्यार पलना होगा
शरणार्थी की गुफा नहीं।
कल घृणा समिधा होगी
ईर्ष्या विष-कन्या नहीं।
कल हर्ष का हृदय होगा
तिनके का मिलना नहीं।
कल व्यथा विडम्बना होगी
ग्लानि या करुणा नहीं।
कल जीत उपलब्धि होगी
अहं की प्रतिष्ठा नहीं।
कल हार सन्धि होगी
धृत का चुकना नहीं।
कल जीवन नृत्य होगा
असम्बद्ध अभिनय नहीं।
कल मृत्यु अतिथि होगी
काल की प्रतीक्षा नहीं।
कल कल कल होगी।
आज नहीं।

शबीह

दो नैन जहर-बुझे बुझे
ओढ़ दो प्रश्न चिह्न प्रकम्पित
भंगिमा
        भिन्न लंगड़ी
        गड़ी गहरी गुदगुदी गदोली में।
क्रुद्ध अति क्रुद्ध निगोड़ी मेंहदी की ठिठोली पे।
पलकों पर अलकें अनावस्थित भवें तनी तनी
प्रत्यंचा खिंची आकर्ण तीर छूटा कि यह टूटी
ललाट संकुचित चिन्ता-चन्दन की वक्र रेखा
    धीरज अब छूटा कि तब छूटा
    आहत हृदय सर्प मृत-प्रायः
    कारा मर्यादा छिः मोह-ममता-मायां
    प्रीत से क्योंकर मिले छुटकारा
आक्रोश दुधारा
पतझड़-पात-गातों की लड़खड़ाती बोली में।
काँपते कबूतर से कुछ सिहरती चोली में।
                                कण्ठ-हार मोती हैं।
फालसे ऊदे उदास
मुरझते अमलतास गालों में
                        बालों में
बास बसी बासी वेला की
कह यह तालीम है किस लीला की?

विराग

बुलाता है चन्द्रमा
भुरभुरे बादलों की ओट से
और मैं चुप हूँ।
सतलड़ा हार स्मृति का
छिन्न भिन्न हो गया।
स्वप्न सुप्रभ सब मेरे
अब विवर्ण हो चले।
अह थेटरी लगती है
हर वृत्ति प्रगल्भा।
अब तार-सप्तक में।
पंचम बिखर जाता है।
बुलाता है चन्द्रमा
भुरभुरे बादलों की ओट से
और मैं जड़ हूँ।

नया आइकेरस

छड़ी को दीक्षित करो दिशा का ज्ञान दो
अनिश्चय ग्रस्त है चुम्बकीय कुतुबनुमा
दे दो वरदान अविकल सत्य का भगवन।
मनाया व्यथा नष्टचेत आनन्द के
प्रदेश से लौटा, यह साहसिक चालक,
आइकेरस, मेरा महत्वाकांक्षी मन
बाध्य-उत्तरण के लिए एकाग्र, अत्यन्त,
अमावस में यन्त्रस्थ मँडला रहा है।
समय-निषेध और समय-एनासिन के मध्य
कुटिल है व्यवधान,
अज्ञात है आयाम, संस्पर्श धरती का
उस लग्ने क्या पता, हो सर्वथा घातक।
मुझे नहीं है मोह फिल्मी वीर गति का
मिथ्या है यह धरा, मैं स्वीकारता हूँ
वह नीलाकाश भी प्रपंच है केवल
सत्य है बस यही,
यह नीरस, निरर्थक, निर्दय आवागमन।

भगवान दीक्षित करो

आह आकुल मन
धूप से प्यार हो
विश्वास रहे सूर्य पर
और अटूट हो आस्था
अक्तूबर के नीले निरभ्र आकाश में
तो पथ कट जाएगा
दुःख रहेगा दुःख ही
संयम कपाल का
शायद बढ़ जाएगा।

ढोलिगौं

यह एक दृश्य है
पर्यटक की प्रशस्त शब्दांजलि के लिए
माया ने जिसे खास तौर से सजाया है
वादियों में डोलते बादल
पहाड़ी पार डूबता सूरज
ग्वाले, गोधूलि, गलघंटियाँ
झाँझर, घघरे, गगरियाँ,
सीढ़ियाँ खेतों की.....
कसी तनी पिंडलियाँ धान रोपती स्त्रियों की
दुन दुनुक दुन तालबद्ध तलुवे हुड़किये के
हुड़क बोल की धुन, स्वर विस्तार, मुरकियाँ
अदृश्य है, किन्तु वह धुन
रुपहले बाँज में जो लग गया है
युद्ध विधवाएँ, पगली बुढ़ियाएँ
हतज्ञान बालक, अनाथ बालिकाएँ
सब बन्द है गोठ में,
हिंसा मुट्ठियों में
लिप्सा पलकों में
भय हृदयों में और क्षय अस्थियों में बन्दी है।
हठ है एक पितरों के पिण्ड का
हथेली हल की मूँठ से जकड़े हुए हैं
आध्यात्मिक एक आग्रह है
इस डाक बंगले की सांस्कृतिक ऊँचाई का
और कोरी कविताई की भी अपनी एक सुनिश्चित परम्परा है

किन्तु सच्चाई अक्षोभ में है
और अक्षोम, वह क्षणिक है
क्योंकि दुर्निवार है लोभ
विकार को कोई सुपरिचित आकार दे पाने का
बँध जाने का लोकमान्य किसी सर्व सामान्य छन्द से।
दूर देविधुरा के दुर्मद मन्दिर से
कातर स्वर तिरता आ रहा है
नतशीश प्रार्थना का।
द्यार के वन में पवन कर रहा है जयघोष
अमेद्य और अज्ञेय का।
भरने के फेनिल उल्लास में
वक्र परिहास हो रहा है
अज्ञान और अभिमान का
उदास मन में सुसाट गूँज उठा है
गहरी कुहर ढकी गाड़ का।
खण्डित प्रतिमाओं का संग्रहालय
किसी अज्ञात सीर से जलमग्न हो रहा है
मेरी दृष्टि भर्रा गयी है
मेरा विवेक हकला रहा है।

स्वीकारोक्ति

चली गयीं वो कंजी आँखें
चला गया कंचों का खेल
भूरी भूरी लटें गयीं वो
भोली भाली हँसी गयी।

रंग बिरंगे फूल लिफाफे
रबर रिबिन रूमाल गये।
खेल तमाशे खुट्टी सल्ला
नाते वादे सभी गये।

बालातप सा उजला निखरा
प्यारा प्यारा मेरा प्यार
पटरी पटरी जा पहुँचा है
वहाँ जहाँ पटरियाँ नहीं।

अन्धकार अब आगे उसके
अन्धकार से डरता है
पर लौटे तो कैसे लौटे
स्वाभिमान पर मरता है।

सीख रहा है धोखा देना
सूनी धूनी रमा रहा।
आँख मूँद कर अन्धकार से
कविताई है कमा रहा।

धूप से प्यार हो

पूर्ति होती है यात्राओं की
प्रेमियों के पुनर्मिलन में
रसोई से गुनगुनाने की आवाज आती है
देहरी पर अँगना के आर पार
बातचीत यादों की जारी रखी जाती है
बैठक की खिड़की से क्यारी दिखती है पैंजी की
सिगड़ी पे कितली क्या जाने क्या बुदबुदाती है
सच, जिन्दगी तब
दूध पी अलसायी इक पूसी बन जाती है।
कंटीले तारों से बँधे
    बन्दी अस्तित्व के
अंविनीत शैया में दुविधा की
एक सनातन स्वप्न देखते हैं
स्वतः प्रवर्तित सर्वगत स्वच्छन्दता का
आश्वस्त होते हैं।
अपरिचित किसी बालक की व्यस्त
मुस्कान से।

पूजाकाम

जरदी फेंटता है युवराज डेनमार्क का
जरसी बिनती है कुँवरानी ऑफीलिया
फीलपाँव आत्मा का दूर कब का हो चुका
मामूली है रोग अब : एनीमिया और पीलिया।
वहाँ कंगूरों पर कुछ कालिमाएँ हैं
तृप्ति की तनिक अतृप्त कामनाएँ हैं,
यहाँ कमरों में
बेबस एक अदला-बदली है बदलों की
एक शान्ति के लिए दो अशान्त प्रार्थनाएँ हैं।
भारी है पाँव सभ्यता के समय का
बहरहाल काल की भी भारी सम्भावनाएँ हैं।

साँझ

तुलसी चौरा पर संझवाती, वृद्धा व्रत्या माता गाती,
किसके घर की शोभा बनने, सुरसति मैया रथ चढ़ आती?
अक्षत गन्ध धूप और बाती, यन्त्रमालिका दिशा बताती,
आचारों के संकेतों में लिप्त धरा पर,
संकेतों के आचारों से दीप्त धरा पर, बाध्य उत्तरण करती साँझ,
दूर नियन्त्रक निर्देशन में, यंत्रण-बन्द उतरती साँझ।
थाती थाती यम की थिरकन, छाती छाती वर उपमय,

बादल बादल भंगुर जीवन, पाखी पाखी घर सरगम,
क्षितिज बाज रे वेला बाला, हाथ लिये रंगों की माला,
तम प्रियतम भरने निज अंक, चपला चितवन अलसित अंग
अभिसारों के सद संगम में, भिनसारों के आश्वासन।
वणिक जनों के पण मंचों पर, गर्म-निरुद्ध गहकती साँझ
वधिक मनों के मद मंचों पर, धर्म-विरुद्ध धड़कती साँझ।

पायल पायल मींड़ मुरकियाँ, आँचल आँचल आलोड़न
गमक गैल पर छैल छबीली सारंग जाती वृन्दावन।
वृषभानु तनुजा अलक सलोरी, अंजनकेशी भानुकिशोरी,
बैठी सखियाँ दे गलबहियाँ, हारीं हेरती छहियाँ छहियाँ,
कुंज कुटीरे नहीं कन्हैया।
केका केका मदन निमन्त्रण, कंकण कंकण परसन सुमिरन
कसनी कसनी डसती काँती, नचनी नथनी लगती दाँती
कंकर चुनती कामज काया, श्यामल सुख की कोमल छाया,
पगुराती पतिआर की गैया।
चौराहों पर, चौपाटी पर, उद्यानों में सार्वजनीन,
महक सजीली, ठसक ठगोरी, ठौर कुठौर ठमकती साँझ

तम कुंजों में, चट्टानों पर, पण्य प्रणेय पर्यंकों पर,
काम कमेरी, धीरा धीरा, धीरे धीरे झुकती साँझ।
जुठिहारों की जिघत्सा को जिज्ञासा की जिंघासा को,
गोद खिलाने, दूध पिलाने, जाँघ लिटाने लुकती साँझ।
पिछले कवियों के कानन में कान्तासक्त सिसकती साँझ।
गीत गूँज का मध्यम सम पर पथहारा-सा थम जाता,
अपने खुद के मन आँगन में वही अन्यजन रम जाता,
गोधूली की दया गदोरी चुप चेहरे की चेरी बनती,
जाने कौन सान्त्वना मिलती सुख दोहराता दुख इतिहास!

सीमित, निश्चित, शाश्वत, साँझ।
मैं बहुरूपी, मैं बहुदर्शी, विशेषणों का पूर्वाभास,
पूर्वाग्रह में पूर्वप्रवास, मैं ही नहीं, तुम भी, सब ही।

निर्मल के नाम

(1)

ओ बन्धु मेरे!
क्या तुमने नहीं देखा
राह चलते नागरिकों के नियोन-नयनों में
उनके लड़खड़ाते कदमों का लेखा?
नहीं, ऐसा हो नहीं सकता!
बन्धु, मैंने तुम्हारे माथे पर देखा है
एक सलीब चमकता।

... .

दिन-दिन
क्षुब्ध क्षणों के ताने-बाने से
जीवन की कालीन बिन-बिन
मैंने पीड़ा का पैटर्न पूरा किया!
जिसे देख हिया न जाने कैसा हुआ किया!
संग-संग रोया किया हँसा किया!
क्या तुमने नहीं देखा?
नहीं ऐसा हो नहीं सकता।
बन्धु, मैंने तुम्हारी तर्जनी पर देखा है
एक गोबरधन फिसलता।
क्या तुमने नहीं देखा?
विद्युत तारों पर वृद्ध गृद्ध मर जाता है।
बन्द कमरे की दीवारों से चमगादड़ टकराता है।
क्या तुमने नहीं देखा?
ट्रक के पहियों बीच झबरीली गिलहरी पिस जाती है।

काम-दिलाऊ केन्द्र में एक शरणार्थी कन्या भूत बन कर आती है।
कामिनी किशोरी वृद्धा का मुखोश धारण कर, स्वयं को डराती है।
भोर-वेला रेडियो पर मीरा का गान सुन मुझे न जाने क्यों
रुलाई-सी आ जाती है।

क्या तुमने नहीं देखा?
नहीं, ऐसा हो नहीं सकता।
बन्धु मैंने तन तुम्हारा तीरों की शय्या पर देखा है
जल-विन्दु तरसता
क्या तुमने नहीं देखा?
घड़ियों का धीरज अब टूट गया है!
सागरो-मीना अचानक फूट गया है!
अँजुरी का संकल्प सब सहसा सूख गया है।
दिवस ने रात्रि को हर रोज खूब सूद दिया है।
नहीं ऐसा हो नहीं सकता।
बन्धु, मैंने तुम्हारा हृदय-काफल[1] से गाढ़ा रस देखा है।
हौले लरजता।

(2)

क्यों लगाये तुमने मेरे चारों ओर
ये समानान्तर दर्पण जिनका नहीं है छोर
ये असंख्य प्रतिबिम्ब दर्पणों से निकल कर
देंगे मुझे रौंद कुचल-कुचल कर।
ओ बचाओ

... ...

काले प्रश्नचिन्ह-से इस पत्रहीन तरु पर
क्यों लटकाया चाँदनी के अजगर का झूमर?
मेरी पगली आत्मा कर लेगी आत्म-हत्या उस पर
झूल-झूल कर
ओ बचाओ!
सनसनाती आती है अतर पी हुई हवा...
क्यों दिया इस वेला मुझे नन्हा दीया?
मेरी गदोलियों का घेरा क्योंकर सीया?

---

1. एक पहाड़ी फल।

लौ के चहुँ ओर क्योंकर सीया?
ओ बचाओ!

... ...

मैं था तरु एक चीड़ का
क्यों चुभाया तन पर मेरे कुछ तीर-सा?
लो, ढुरकने लगा लीसा।
ओख लगाओ।
या यह घाव सुखा जाओ।
आओ।
थामा है हाथ जब
फूटी बोतलों के इस पथ पर
मेरे लिए भी अपनी सी चपली बनाओ।

(3)

न भूत न भविष्य
न परम्परा न अभिलाषा
मात्र एक आस्था :
घड़ी की मुख-मुद्रा बदलेगी
ओ संजय तुम चुम क्यों हो गये?

... ...

न ग्रहण न अर्पण
न प्रीतम न प्रेयसि
मात्र हृदय-गति
तंग खिड़की तले बिछी छाया की थिरकन।
ओ संजय तुम चुप क्यों हो गये?

... ...

न तर्क न कल्पना
न विज्ञान न कविता
मात्र हिरोशिमा
दीवार पर काँपती मुट्ठी की अल्पना
ओ संजय तुम चुप क्यों हो गये?

... ...

न बाहु न आँख
न पौरुष न प्रीत
मात्र जाज़ संगीत
कैबरा नर्तकी के स्तन बेपाँख
ओ संजय तुम चुप क्यों हो गये?
... ...
हर हृदय धर्मक्षेत्र, कुरुक्षेत्र, रणक्षेत्र
ओ संजय तुम चुप क्यों हो गये?
फिर क्या हुआ?
क्या हुआ?
ओ संजय स्वर तुम्हारे किस करुणा में खो गये?
या कि सिर छिपा बालू में सो गये

(4)

अनुवाद और रचना के बीच
कोई राह नहीं है
मृत्यु और जीवन के बीच
कोई चाह नहीं है
विद्रोह और भक्ति के बीच
कोई दाह नहीं है
निराशा और आशा के बीच
कोई छाँह नहीं है
घृणा और प्रीत के बीच
कोई आँख नहीं है
समर्पण और युद्ध के बीच
कोई बाँह नहीं है
दिन-ब-दिन हाय दिन-ब-दिन रात काली पड़ती जाती है।
... ...
आओ हम जो बीच में है
हम जो न फल में हैं न बीज में हैं
आओ हम जो बीच में हैं
हम जो न नाग में हैं न बीन में हैं

आओ हम जो बीच में हैं
शून्य में लटके थिरकते दोलक-से डोलें
अपनी काँपती गदोलियों में पुंसत्वहीनता का गिलगिलापन तोलें
अपनी अकुलाहट के आतुर असीम बाहुओं को खोलें
प्राणायाम की एकाग्रता पीपल-पात पलकों में पाल कर
किसी छोर के
किसी भी छोर के तो हो लें!
दिन-ब-दिन हाय दिन-ब-दिन राखदानी भरती जाती है।

(5)

काली काफी की प्याली शीघ्र खाली कर देता हूँ।
रेंकते रेडियो के स्वर को जरा नीचा कर देता हूँ।
सुलगती सिगरेट राखदानी के पानी में डाल देता हूँ।
माथे पर बिखरे बालों को कुछ ऊपर उठा देता हूँ।
कानस पर हँसती वेश्या को खटिया-तले छुपा देता हूँ।
दर्शन की पुस्तक अँगड़ाती अँगीठी में जला देता हूँ।
अलार्म घड़ी को हृदय से चिपका लेता हूँ
चलता हूँ।
शायद तुम मुझे पुकार रहे हो।
अधरात गये बाहर मेरे दुआरे शायद तुम ही खड़े हो।
आता हूँ।
तुम्हारे संग-संग जाता हूँ।
वहाँ जहाँ एक छोटे-से तम्बू में।
तुम गर्भवती रात्रि का आपरेशन करते रहे हो
क्या शिशु जनम गया?

(6)

अब है मुझे यह विश्वास
अब जब कि मैं हूँ तुम्हारे पास
अब है मुझे यह विश्वास :
भक्ति की अभिव्यक्ति ही प्रभु की उत्पत्ति है।
निश्चय ही मन्दिर को देवता मिलेगा।

सूर्योदय

बैठे हुए ऊँटों की लगातार कतार-सी
बीच मरुस्थल के
शृंखला नाटे पर्वतों की आक्षितिज फैली हुई
उसके पीछे से किसी अन्य चित्रकार की
स्वच्छ नील-पट्टिका पर
सुनियोजित सुसन्तुलित
रंग-रूप-आकार-अराजकता
चित्रित करता हुआ
निकला वो निकला वो निकला
सूऽऽऽऽ र्य!
कलाकार आधुनिक!
सूर्योदय : क्षण-बोध बोध-क्षण
शून्य से प्रकट प्रभु!
सूर्य : सद्य-शोणित-स्नात मुकुट कंटकों का
पर्वत के माथे पर टिका
कुछ देर फिर बढ़ा
हौले किन्तु निश्चित अपने यश-पथ पर
पत्थर-निश्चल ढोरों पर
खल्वाट गिद्धों पर
हल-पुरातन हलधर पर
घेरदार घाघरे और लैरदार चूनरी पर
धूल-धूसरित-धरा-धनीशिशुओं पर
वृद्धा की कीच-सनी अन्तर्मुखी आँखों पर
बालू पर बिखरे अस्थिपिंजर अवशेषों पर

कोल्हू पर, रहट पर, चक्की पर, चरस पर।
फूलों पर पत्तों पर नन्हें बौने खेतों पर
रसवाहिनी कुलिया पर ढहती हुई मेंड़ों पर
गतिमय स्थैर्य पर स्थिर गतिशील पर
रेत पर रेंगते हुए एकाकी एक कछुवे पर
करता हुआ जीवन-रस रस-जीवन वृष्टि
लाता हुआ प्रकृति के लिए
आशीष पुरखों के,
यह दूत वीर्यदाता का।
सूर्य : यह हृदय-दाह विद्रोही आत्मा का
गुरू गाम्भीर्य, कारुण्य-आर्द्र
यह औत्सुक्य-आहत शिशु जिज्ञासु
झाँकता हुआ खिड़कियों से
खोजता हुआ लहर-उरोज, पात हास,
कोमल कपोल-पार्क-पके शिशुओं के।
यह उदजन-प्रस्फुटन, आत्म-दहन
ताप-मुक्ति, शक्ति-वृष्टि,
यह आग, द्वेष-राग-रंजित
तत्पर चिर-उद्यत
सब कुछ जला देने को,
किन्तु चिन्तन की, दूरी की, जाली से
छन-छन कर बनती हुई एक शान्त लौ।
यह परिवर्तन शिव का सृष्टा में,
प्रदर्शन कवि-कर्म का।
यह सूर्य : विविध, नानाविध,
किन्तु सम्पूर्ण, किन्तु एक,
यह मेरा। यह मैं स्वयं प्रतिबिम्बित
उपमा यह प्रयास तुलना करने का
किन्तु विफल व्यर्थ
एक अर्ध-सत्य!
भावुक पियक्कड़ की गलियों से गलियारे
अन्धकार-डंठल पर फूल फासफोरस के

दल-प्रति-दल
एलबम के उड़ते हुए पृष्ठ
क्रम अन्तहीन खुलते हुए आरों का
कुंजियाँ, भुरभुरी भावनाओं की
किन और कैसे शब्दों में करें इसका वर्णन?
वैज्ञानिक,
(एक विशाल उद्जन बम है यह)
आर्थिक,
(मौसम-दफ्तर के यन्त्र चौकन्ने)
सामाजिक,
(लस्सी के दिन और दिन चाय पीने के)
राजनीतिक,
(पूर्व में उगा प्रतीक लाल जागृति का)
रोमांटिक
(बिखरे धुल बालों पर छितरी सोन किरणें)
अन्धों ने किया वर्णन हाथी का
कई अंस सत्य मिलकर सत्य बने नहीं
किन और कैसे शब्दों में करें वर्णन?
इस प्रभु-निर्मित अवर्णनीत का,
यही, केवल यही क्यों न कहें
कि सूर्य
    सूर्य है।

आज प्रभात

बुजबुजी-सी बुझी-बुझी बोझिल बतास
गुमसुम-सा थमा-थमा ऊदा अकास,
कि सहसा प्रपात।
ऐसा सदय सनाथ कि धरा जो थी झुलसी
जरा जरा और और ललक ललक हुलसी
गयी गाँठ खुल-सी जब बिस्तर समेटा
सलवटों के सीने में साश्चर्य देखा
कुसुम कुम्हलाया आह अपना पराया
कभी चाह-ढले, साँझ-पड़े, घिरे-घुटे किसी क्षण
तले तकिये दबाया।

सूक्तियाँ स्मरण के धर्म की
ये किरणें सूर्य की, कुंजियाँ सन्दर्भ के गर्भ की
खोलती ही जाती तहखानों की तहें
यादें यादों में लिपटी हुई
एक एक किरण मन में उतारती है वह कसम
उभारती है वह कसक
याद जो यादों में लिपटी हुई है
बात जो बातों में उलझी हुई है
वह कसक जो उस कसम से निकली हुई है
भटक कर कोसों जिसे भुलाना चाहा है
जगाया है इन सबको मेरे मन ने
पतझर के वन विसर्जन के क्षण में
भोर की एक छोटी-सी किरण ने
संयास संकल्प का जल आस के सूखे ओंठों लगवाया है।

दुर्दिन

साँस कुहरीली है बतास भारी भीगी है,
आसक्त अनिवार्य अविरल मावट की झड़ी है,
रंगीन तस्वीरों में मन अब रमता नहीं है,
बाहर क्योंकर जाएँ पानी थमता नहीं है,
मैं हूँ, तुम हो, अधखुला वातायन है,
लगता है कि सब सभी कुछ पलायन है।

बरसों का बिछुड़ा अब तेरे पास हूँ,
फिर भी ओ प्रीत उदास का उदास हूँ,
मीत मेरे शीत मेरी नस-नस में बस गया है,
कुहरा कर गया है घर मेरे अन्तर में।
तर्क वितर्क इतना अह इतना खण्डन मण्डन
बन गया जीवन अधूरे गीतों का संकलन।

शून्य-शिरोधार्य साइप्रेस गिरजाघर के
आहत आप्लावित स्वर अनजान के डर के,
अपलक अनिश्चय-लोचन निहारते नख दर्पण
मृत तरु, सघन तन, भयातुर भीजता खंजन,
न था धुआँ, द्विविधा-दया, अध्यात्म-अतिरंजन
हर मुद्रा, हर व्यापार, हर प्रयास, पलायन
किन्तु क्या करें कि दुर्दिन हमें दे गया है
बिना माँगे यह लगन संसर्ग सम्भाषण का
आग अन्धर्या हुई गात सूत्र ठढ़े हुए
सीलन में लेकिन हमें साथ साथ रहना है।
आत्म-करुणार्द्र इन ऊब-डूबी उक्तियों से

ढूँढ़ेंगे कब तक हम राह समय के साथ की?

छोड़ें थेटरी अन्दाज
वातो-याद स्वप्निल गीतिमयता का,
ठहरो जरा
शायद आत्मदाह हव्यवाह बन जाय
कुछ कहें जो सम्पूर्ण हो सम्बद्ध हो
समालाप, क्या पता, युगकाव्य बन जाए।

वशीभूत

चाँद के नाम कई हैं
कई-कई काव्य रचे हैं तुम कवियों ने उसके विषय में
जाने क्या क्या कह तुमने उसे पुकारा है
पर एक नाम ऐसा है जो किसी को मालूम नहीं
जो मेरा अपना रखा है
और बिलकुल ही न्यारा है
लाख अनुरोध करो तुम
पर मैं नहीं बताऊँगी, नहीं बताऊँगी।
तुम्हें मालूम ही क्या है?
तुम जानते ही आखिर हो क्या?
बड़े पोढ़े बनते हो
पढ़ अढ़ाई पैम्फलेट हम पे बौद्धिकता का रौब जताते हो
जानते हो इस अलमारी में बन्द है
नन्हे-नन्हे स्वेटर, जुराब, बगरखियाँ
मालूम किसने बनाये हैं?
पता किसके लिए हैं?

जानते हो इस डायरी में क्या लिख रखा है
और पोयट्री की किताब में
जो फल दबा रखा है
कब, कहाँ और किसका दिया है?

पता दिन पर दिन कुछ अजीब हुई जाती हूँ
सुबह सुबह लॉन में
लमपुछड़ियों औ सतभैयों को

ताजा अखबार गा गा कर सुनाती हूँ
म्याऊँ म्याऊँ पूसी को मुँह चिढ़ा देती हूँ
विज्ञापन की रमणियों के पूँछ बना देती हूँ
अकेले कमरे में जी भर हँसती हूँ रोती हूँ
जहाँ होती हूँ वहाँ नहीं होती हूँ
मालूम मुझे हुआ क्या है
कबसे और किसलिए?
जानते हो, देखते हो, देखते हो
दर्पण में प्रतिबिम्ब मेरा
जानते हो क्या आता है जी में इसे देखकर
जानते हो, जानते हो
जा-न-ते ओऽग्।

परिपूर्ति

खिल आता है अँधेरे में, परम आत्मा का पुष्प,
लोहित बनता है वैतालिक, सुनाता है लोरियाँ।
गूँजता है शून्य में, एक स्वर-संयोग श्रुति-सुख
दीन-दारुण दुदमुहा और सदह स्नेहोष्या माता।
दूर अन्तिम अकेलेपन के, विरत विरक्त गगन में,
उग आता है झिलमिल, अनागतविद भोर का तारा।
तनी तनी तपी भवें, चकित स्फुरित गोलाइयों में,
दुरासद गोलाइयाँ, दुर्दम दुर्दम गदोलियों में,
फिर गद्गद गदोलियाँ, कृतकृत्य उच्छ्वासों में
बिसराती हैं सुधबुध।
चक्रवात, रक्तचाप, देह-दाह स्नायुधीर,
गात-कम्प, श्वासरोध, प्राण-पान गुह्य-गान,
बिछल बिखर जाते हैं तीजे तिये चरम पंचम पर।
आह प्राणत मरण के संतापहर आश्चर्य-स्पर्श से
बन ही जाता है स्वस्तिवाक्य संघर्ष का अस्तित्व
अलस अँखड़ियों पर प्रतिपल झरती ही जाती हैं कोमल
सरस ओस-भीजी पंखुड़ियाँ।

वसन्त

सेमर के फूल पर झूलती चिड़िया : एक,
धूप के कूल में डूबती दुनिया : दो,
सुआ[1] के मधु-कण्ठ की झुनझुनिया : तीन,
तीन सुरों पर बजाये राग वसन्त मेरी बीन।

1. प्रियतमा!

सीधे समीकरण

जब चाँद और सूरज मिलते हैं
तब प्रार्थना पैदा होती है।
जब पुरुष और नारी मिलते हैं
तब बच्चा पैदा होता है।
जब आँख और बाँह मिलती हैं
तब प्रीत पैदा होती है।
जब कवि और जीवन मिलते हैं
तब सत्य पैदा होता है।

कायरता

कोई अधरात-गये आता है।
कोई अधरात गये मेरी जाफरी के द्वार खटखटाता है।
कोई अधरात गये आतुर बेपंख अँगुलियों से मुझे बुलाता है।

पर मैं नहीं जाता
अँधेरे से मेरा हिया घबराता है।
मैं जानता हूँ न जाकर मैं बहुत कुछ खो रहा हूँ
पर मैं नहीं जाता
अँधेरे से मेरा हिया घबराता है।

एक क्षण को

कस्तूरी के मृग-सा मैं ढूँढ़ता ही रहा
तुम्हारे दीप्त मुखमण्डल के चहुँ ओर
मन्द-वेदना-सुगन्ध का स्रोत।
कलियों, किरणों और कण्टकों की भाषा में
सुनाता ही रहा मैं तुम्हारी कहानी
तभी तुम्हारी पलक थिरकी
थिरक कर दरसायी गयी नादानी
मेरी, कब, कहाँ और कौन कह सका है
परायी व्यथा की कथा?
सदा से सभी को तो प्रिय मुख
हरा ताल है रहा
सभी ने तो पायी है उसमें अपनी ही धुँधली झाँकी।

तो ठीक है
लो स्वीकारता हूँ आज
मेरे हृदय की इन सूनी पगडण्डियों को
तुम्हारी सेमर-हल्की पदचाप
रहेगी सदा अनजानी।
चकोर की भक्ति, शलभ की आसक्ति
या कि वैरागी की विरक्ति और
ब्रह्मचर्य शक्ति, सच सब मुद्राएँ हैं
कहाँ है ज्ञात उन्हें
कि लोहिताक्षी के नयन वस्तुतः लोहितार्द्र हैं।
उनसे कहाँ हो पाती है दो मूक अतृप्तियों के
कारुण्य-जन्य-सम्बन्ध की अभिव्यक्ति।

तो चलो छोड़ दें सब प्रयास
वैसा प्यार करने के
हाथ में गहे हाथ
अनाक्रम कठोर गर्भ अनालाप से घिरे
एक क्षण को समर्पित हों
अपने अन्तर की गहन कालिमा में
किसी अकेले चमकते दीप-पुष्प से विसर्जित हों।
एक क्षण को पीड़ा गर्भस्थ रहने दें
एक क्षण को एक ही अकुलाती देह में
जननी और जन्मदाता बनें।

या शायद

या शायद सत्य ही है
उद्जन-बम का उत्तर मरते दम लिया चुम्बन ही है
शक्ति-स्रोत अणु-कोख नहीं है।
हिम कन्याओं पर चन्दन बिखराती चाँदनी को निहारती
चार पगुराती आँखों की अखण्ड जोत ही है।

इतिहास बताता है
हिरोशिमा का अबोध अनाथ
चेरी चुन-चुन कर
अमरीकी बमबार को
हार का हार पहनाता है।

आस्वान

साथियों, सहयोगियों, भुक्तभोगियों!
अणु-अनाथों, अकाल परिपक्व अर्ध सिद्ध योगियों!
अशान्त ओ कुरुक्षेत्रों अपूर्ण युद्धों के, सुनो!
नाड़ियों में मेरी भी वही गिजगिजा आभास निराभास का
कुचले हुए केंचुए-सा अधमरा घिसटता है।
खिसकता है आधार मेरे भी संसार के तले से
जब धमाकों के बीच प्रश्न कई जले-गले से
उठते हैं किशोर सुलभ अनगढ़ अटपटों से
प्रश्न जीवन और मरण के स्वप्न और स्मरण के
गृहदाय के आत्मज, ओ मेरे सहज मेरे सहोदर
तुम्हें जो सन्ताप है मुझे भी वह सालता है
डगमगाती काठ तुम्हारी जिस उद्वेलन में
मेरी भी उसी में मँझधार डूबती है।
मैं भी सृष्टि-दंशित हूँ मैं भी आत्म पीड़ित हूँ
हूँ मैं भी अपंगु सुत उसी द्वन्द्व उसी द्वैत उसी विरुद्धार्थ का
बन्धुओं सुनो
बहुत दुख देखा है बाल विधवा इन आँखों ने
तथापि ये आँखें भी तथागत की नहीं हैं।

आकुल मत हो मन

आकुल मत हो मन!
बन
साकार मूरत धीरज की
मूरख ना कर पागलपन!
चुपचाप सहे जा चुभन
पथ के काँटों की!
बढ़ते जा हर क्षण!
आधे में मत छोड़ कथा को!
व्यर्थ न होने दे व्यथा को।
बहुत दूर निकल आया है जिससे
उस फूल-बिछे पथ का
अब कैसा प्रलोभन?
बढ़ते जा हर क्षण!
रुक मत
ठुकरा दे छाया का आमन्त्रण
कभी असमंजस अकुलाए, उपन्यासों से उकताए,
विवश किसी दिवस जब, काँचता कमरा कुँवारा,
शलभ वेला सहसा आगमन होता तुम्हारा।
चिरपरिचित सदा परिवर्तन, नही आकर्षण विज्ञापन
(नूतन वेषभूषा, केश सज्जा या आभूषण)
दबद कहीं दूर कुदरती कुहवर में कूजन।

खेत और खँडहर, रेत और समुन्दर, घास और आकाश
प्रतिपदा पाश में, परभुक्ता प्रीत का, परिभाषित आभास,
श्वास प्रति श्वास प्रति श्वास प्रति श्वास।

नाट्य काव्य नृतत्व पुराण, देह दर्शन मनोविज्ञान,
उक्तियाँ युक्तियाँ कि यह शह वह मात
लेकिन जिच पर ही टूटती हर घात,
घुटा करे चेलिक की मोतिहारी के साथ
जंगल की घोटुल की है दूसरी ही बात।
देखा दर्द तुमने कहाँ? तुमने समझाया कहाँ?
लिया नहीं दिया नहीं, खोया कहाँ पाया कहाँ?

यहाँ पाषाणी खाड़ियाँ, झाग की झिलकारियाँ
वहाँ फेनिल लहरों का, फन उठाये झपटना,
और जहाँ जहाँ हम वहाँ, स्वप्न शब्द शब्द स्वप्न
रुक्मिणी की रति-रुणित मेखला का चमकना यही नहीं, हर कहीं।
रहस्यमयी रीत मीत प्रबुद्ध शुद्ध प्रीत की
हथेलियाँ रक्तांजित, आत्मदर्शक टूटा हुआ।

प्रार्थना

ओ आज मुझे गाने दो!
भगवान! आना जाना कुटिल क्रम यह जग का
बिसराने दो!
कितना अपना है सपना
पराया हो जाने दो उसे
हो जो पराया ओ आज उसे मुझे अपना बनाने दो!
अधीर है चीर तीर चुभा है
ओ फूट फूट जाए है जग-पीर-सीर प्रभो!
ओ आज सकल पीर मुझ में समाने दो!
ओ करुण-तीरे आज मुझे नैन-नीरे नहाने दो।
पक्का है दुख फल
समय का चक्खा है।
ओ आज उसे तुम सहज ही झर जाने दो!
प्रभु-नयन नौका-नयन करो ना!
ओ करो ना आज
ओ आज मुझे इस भवसागर में डूब कर मर जाने दो।
ओ आज मुझे गाने दो।

नयी दिल्ली, जनवरी '55

दो जोड़

पनघट पर काई।
मेरी काँच की आँखों में जीवन : नराई
पीपल के चरणों में दिवरा।
जीवन को अर्पित वह मेरा हियरा।

जनवरी '55

ददरिया

टूटती बाँसुरिया में गीत नयी है।
सखि मोर हृदय माँ प्रीत नयी है।
नैना से तोर जदि नीर बहि जई हैं
हिया भर आयी है सखि गीत बनि जई है

प्यार

नहीं प्यार यह नहीं।
शाख धनुषाकार, पात पीपर के सिहरते
पातों में पीपर के विहँसता चन्द्रमा भरा भरा पूनम का
इन्दीवर अधखिले, चंचल बहता जल, कुण्डल झलमलाते
फेनिल लहरों के, लहरों से खेलती
बालू पर दौड़ती उन्मुक्त निर्वसना दूधिया चाँदनी।
भाव कोई कुहरीला स्वप्न-पगी आँखों का
नहीं प्यार यह नहीं।
प्यार है पात अन्तिम पतझड़ के पेड़ का।
पका हुआ फल है जो आप झर जाएगा।
बाँस-बन के अँधेरे में बाघ आँखों की चमक है
चोट है हथौड़े की शिला को तोड़ती
देखती चिता को चकित
भयभीत दो अबोध आँखों की जिज्ञासा है।
प्यार प्रत्युत्तर है अपराजेय, मृत्यु के उत्तर का
मृत्यु की मृत्यु है वह
इसीलिए समीप है पर परे है मृत्यु के लोक से।
पार करोगी साथ मेरे निर्जन लोक मृत्यु का
प्यार तक पहुँचने को।

शमशेर की कविताएँ

शमशेर तुम्हारी कविताएँ तो मुँह खोलती ही नहीं हैं
बहुत उकसाने पर भी ज्यादा कुछ बोलती ही नहीं हैं
हाँ ना जी क्या ओ अच्छा के सिवा यह इनका दिन
स्वप्न-संक्रामक अनालाप अच्छा मजाक है!
इनकी मायूसी हमारा हौसला क्या इत्तफाक है!
यह अभिशाप गूँगेपन का है क्या शाप किसी ऋषि का?
व्रत लिया है मौन का? आखिर क्यों शरमाती है चुप्पी तोड़ने में।
शक होता है कभी-कभी हो न हो ये हकलाती हैं बोलने में।
जरा कुछ कह दो और लो मारे लाज के गड़ी जा रही है
खामोशी में खालिस बहरी बेहोशी में धँसी जा रही है
खींच रही है आवरण उदासीन प्रज्ञा का
दिखा रही है भाव सविनय अवज्ञा का।
कहीं भी ले जाओ तबीयत इनकी जमती ही नहीं है
कैसी भी किसी भी फिज़ा में रमती ही नहीं है!
वो तो जाने किन नक्षत्रों की छाया में वह क्षण भी आया
उठी बिछुओं से निगाहें को इनकी हमने मिला हुआ पाया
अपनी निगाहों को इनकी से देखी आँखों में छाया
मौन के सलीब में सोए ईहा के मसीहे की
कौंध गयी पुकार अन्तर में प्यासे पपीहे की
मन में दर्द का अर्क उतर आया।
और बुजुर्गों की बतागी इतनी तो अब भी याद है
हो चाहे जैसी भी आग आखिर आग है।

प्रीति और उपलब्धि

(1)

अब नहीं आती तुम्हारी याद।
मन्द-स्मित स्मृति के ज्योत्स्नावत आँगनों में
अब नहीं बजती कहीं वह बीन टीसों की पुरानी
नृत्य अब करता नहीं चक्षुश्रवा हृत्कम्प मेरा

प्रात-पंछी-गान के सुस्निग्ध इस वातावरण में
सब शब्द झूठे और झूठे पड़ गये हैं।
स्वप्न-गह्वर की रची इस प्यार की आख्यायिका में
दुःख-दया-व्यापार के अध्याय तीनों
अर्थ अपना डंक अपना खो चुके हैं।

बस मेज पर कुछ मोम है : वह केन्द्र है
वृत्त है चहुँ ओर जिसके दग्ध पंखों का
किन्तु वह अवशेष है उच्छिष्ट है
वह देन है तट को उतरते ज्वार की
वह नहीं है आत्मा अनुराग की।

स्कन्ध का जो था कभी उपधान तुमको
करतलों का जो थे कभी दर्पण मुझे
सत्य अन्तिम है नहीं यह,
है ही नहीं वह
वह कभी का उड़ चुका कर्पूर-सा
वन्ध्य उत्ताप के अनुताप से।

बुद्धि के संग रक्त भी होता गया परिपक्व
डार में पकता गया सम्बन्ध-फल पाखी चखा
पकता गया वह फिर स्वयं ही
सहज ही वह झर गया
मृत्तिका-सुत मृत्तिका में मिल गया।

(2)

कौन कहता है कि वह अनुराग मेरा चुक गया है?
मैंने ही कहा हो यदि तो स्वीकारता हूँ भूल अपनी
स्वीकारता हूँ वचन ये मिथ्या कहे होंगे किसी सन्तप्त क्षण में
कटु कटाक्ष से विक्षत वृथाभिमान ने मेरे।

मत मुस्कुराओ किन्तु प्रसादाभिमुख हो कर तुम
नहीं है यह निवेदन दोष का पाप का
अंगीकरण है सत्य का या मात्र केवल
मत समझना परोक्ष यह प्रस्तावना है याचना की
मत समझना विधि नयी है वन्दना अराधना की
मत समझना आ गया है चिर प्रतीक्षित लग्न-भिक्षा-दान का

मत बढ़ाना भरी मुट्ठी
मत समझना दर्प के सम्मुख तुम्हारे गर्व मेरा झुक गया है

सिर्फ इतना ही कहा है
कि वह अनुराग अब भी है
भले ही अर्थ उसका, धर्म उसका,
रंग-रूप-स्वभाव उसका
वह नहीं है जो तुम्हें स्वीकार था।
सिर्फ इतना ही कहा है
कि गतिशील है सम्बन्ध
उत्कर्षोन्मुखी है गति
गति की हर गाथा में एक स्थल है परिष्कृति का गुणात्मक परिणति का

भूखण्डअन्त, हिमशिखर धवल, कोख सागर की।
सिर्फ इतना ही कहा है

यह प्रचण्ड ऊर्जा उसी मूक अणु की है
खेल ही खेल में खण्डित तुमने जिसे था कर दिया
सिर्फ इतना ही कहा है....
किन्तु यह क्या :
व्यथित तुम बोलीं शिकायत भरे स्वर में
"जा! कि वह अनुराग तेरा चुक गया है।"

□□